◉ 「주자 초상」, 전 최북, 비단에 채색, 1773년경, 운곡서원. 주자는 모든 이름에는 고유한 덕이 있으며, 이를 구현하는 것이 올바른 윤리적 삶임을 주장했다.

⊙『궐리지』에 실린 공자의 모습. 공자는 "군자는 형이상의 인의예지에 통달하지만, 소인은 형이하의 이익에 통달한다"고 말했다.

⊙ 「벼 베기」, 심사정, 비단에 엷은색, 23.1×11.5cm, 18세기 중반, 국립중앙박물관. 이利는 '칼로 벼를 베다', 즉 수확을 뜻한다. 이렇게 벼를 베어 수확하는 것은 벼의 측면에서 보면 결실을 이뤘다利者 萬物 之遂, 혹은 인신하여 '순조롭게 조화를 이뤘다'는 의미다.

孟子名軻字子車

孟子

⊙「맹자」, 『역대도상』, 종이에 채색, 29.7×19.5cm, 개인.

⊙『맹자』. 맹자가 설파하는 진정한 인간 본성에서 나오는 도덕적 동기는 묵자가 말하는 이익을 사소한 것으로 만드는 동시에, 양주에 의해 주장된 독거적인 자아를 해체시킨다.

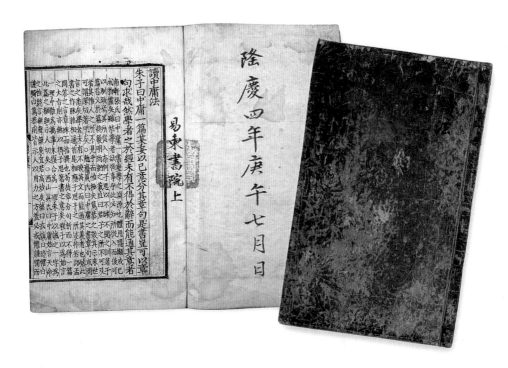

⊙『중용』, 22.5×35.5cm, 16세기, 유교문화박물관.『중용』에서 "의義는 적당함 혹은 마땅함(의宜, 즉 도마에 고기를 잡아놓고 알맞게 진설해놓는 것)이다"라고 규정하고 있다.

⊙ 「공자관기기도孔子觀欹器圖」, 비단에 채색, 99.5×59.0cm, 15세기, 유교문화박물관. 공자가 '기기'를 보고 있는 모습을 그린 상상도. 기기는 비면 기울고 차면 쏟아지며 적당량이 담겨야 비로소 바로 서는 기물로, 예부터 중용의 이치를 상징하는 것으로 여겨져왔다.

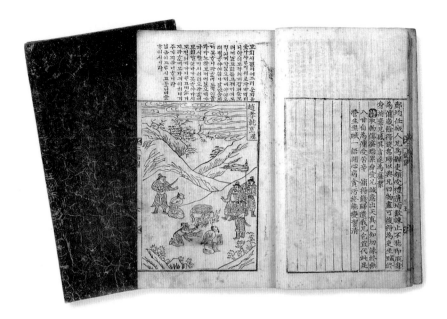

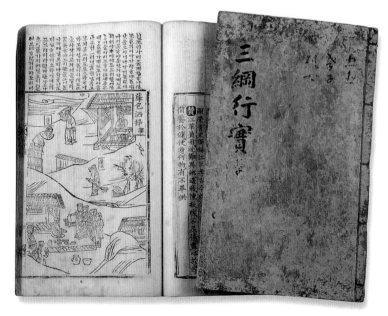

⊙『이륜행실도』와 『삼강행실도』, 22.0×36.0cm, 유교문화박물관. 유교는 정치로 의식주를 풍족하게 한 다음 학교를 세워 가르침을 베풀고 백성이 인간의 완성을 이뤄 지극한 공동체를 건립하고자 했다. 오륜론은 정치의 본령을 바르게 하는 데 있다.

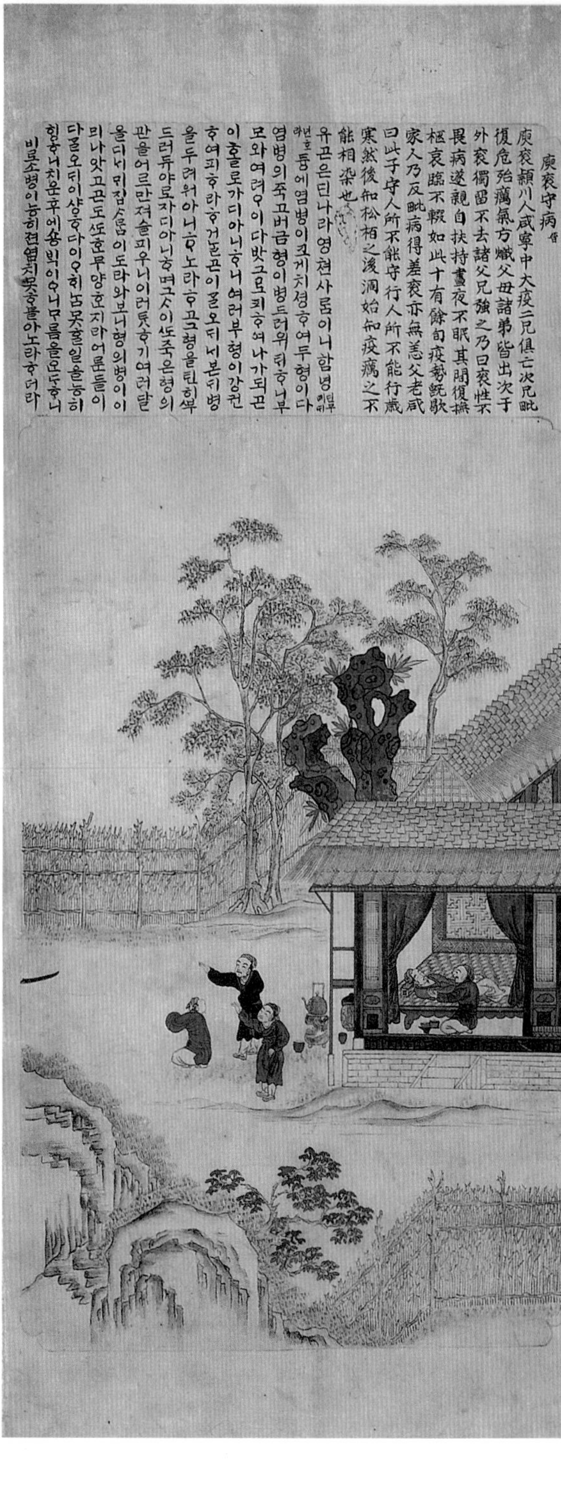

⊙ 「효자도」(제5도, 황향이 베개에 부채질하다), 조선시대, 국립중앙박물관.

孔子生而叔梁紇死
孔子為兒戲常陳俎
豆設禮容
　聖父見戲
　俎豆是待
　聖徒俯仰一降
　宥容有儀
　不學而能
　不問而識
　化誘群童
　名傳列國

⊙ 「조두예용組豆禮容」(제기를 차려놓고 예절을 익히다), 김진여, 비단에 채색, 32×57cm, 1700, 국립전주박물관. 유교 의례는 제사를 모범으로 삼아 극도로 절제된 의식과 절차의 형식과 의례 용품들을 사용함으로써 신을 대할 때 자연스럽게 생기는 경건한 마음을 일상생활에서도 적용하고자 했다.

⊙ 사서삼경. 사서에서는 군주가 해야 할 일이란 "백성에게 이로움이 되는 것을 인식하여 이롭게 해주는 것因民之
利而利之"이라고 규정했다.

◉「노자출관老子出關」, 김홍도, 종이에 엷은색, 52.1×97.8cm, 조선 후기, 간송미술관.
도가는 인의와 같은 외적 강제 규범을 배격하고, 이익을 헤아리는 것과 같은 사사로운
지교를 버리며 '말없이 스스로 그러한' 도를 체득할 때 천하가 안정된다고 주장했다.

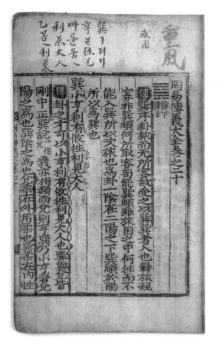

⊙ 『주역』, 23.5×18.5cm. 『주역』「문언전」에 말하기를, "이로움이란 의로움이 조화를 이룬 상태라고 했다."

董仲舒治春秋爲博士
下帷講誦弟子授業莫
見其面進退容止非禮
不行孝武時舉賢良對
策條敎凡百二十三篇說
災異得失目古廷對西相
不能過爲馬爲江都瞻西相
病免歸不問家產專脩
學著書爲事朝廷大議
遣使就問對皆明法也
贊曰聖遠言湮大道乖熄
狂秦滅學六經離折斯人幸
出澄心其業春闈不冕下
惟讀其業綜令群學有所
統一大庭三對宣嘉萬策
一辯誼利王伯其判才維王
佐奈時叛渙

董仲舒

⊙ 『역대도상』에 실린 「동중서」, 종이에 채색, 19.5×29.7cm, 개인. 동중서는 이로움과 의로움을
심신의 양성과 결부시켰다.

소유의 욕망,
이利란 **무엇**인가

소유의 욕망, 이利란 무엇인가

유 가 경 전 에 서 배 운 다

임헌규 지음

글항아리

벌써 8~9년 전의 일이다. 용인대 중국학과 이동철 교수님으로부터 연락이 왔다. 21세기의 지적 화두를 동양철학의 관점에서 살펴보기 위한 책(『21세기의 동양사상』, 2005)을 기획하고 있다고 했다. 그 책은 '21세기의 한국'이라는 관점과 입장에서 동양철학을 살펴보고, 어떻게 현재를 이해하고 미래를 바라볼 것인지를 독자들에게 60개의 키워드로 제시하며 에세이로 풀어내는 작업이라는 것이었다. 그러면서 나에게는 '이利'라는 항목을 맡아 집필해달라고 하셨다. 당시 나는 당연히 내가 주로 공부해왔던 성리학의 '이理' 개념에 대한 것이라 여기고 기꺼이 응했다. 그런데 그 후 메일로 보낸 집필 계획서를 보니 내가 쓸 것은 이기理氣의 '이理'가 아닌 이익利益의 '이利'였다. 이를 알고 나는 적잖이 난감해했다.

기실 유교의 심성론心性論과 현대 심리철학에 대한 글을 주로 발표했던 그때까지 나는 현실에서의 관심과는 별개로, 이利라는 개념에 대한 개별적이고 전문적인 연구를 거의 하지 않았기 때문이다. 나아가 유가를 전공했기에 "공자께서는 '이利'에 대해서는 거의 말씀하지 않았다"는 것과 맹자 또한 그 책의 모두에서부터 "어찌 반드시 이利를 말씀하십니까? 오직 인의仁義가 있을 따름입니다"라고 말했다는 것 정도만 알고 있었다. 그렇지만 기회가 주어졌으니 유교 및 여타 학파에서 이利 개념을 어떻게 정의했는지를 살펴보는 것도 괜찮을 듯해 연구에 착수했다. 먼저 글자의 유래와 용례 등을 조사했다. 예상했던 대로 우리나라에서 이 개념에 대한 연구는 많지 않았다. 그래서 일본 쪽 연구로 눈을 돌렸다. 나름 소득은 있었지만 그것만으로 만족할 순 없었다. 이에 직접 경서를 찾아보는 시도로 이어졌다. 사서四書와 『노자』『묵자』 등에 이라는 글자가 나타난 원문을 전부 검색해 그 의미를 논구하고 분류해보았다. 의외로 재미있는 것이 많이 나타났다. 이런 작업을 통해 중국의 고대철학은 이利와 의義 개념에 대한 해석을 놓고 논쟁하는 장이라는 생각도 들었다. 그러나 이런 연구 내용을 여러 사람이 집필하는 책에 모두 옮겨놓을 수는 없었다. 나에게 주어진 지면은 불과 몇 쪽에 불과했기 때문이다.

그 뒤 한 단체에서 여러 종교적 관점에서 '부富와 이利'에 대한 입장을 정리해 책을 묶어 내려는데, 나에게 유교적인 관점에서 집필해줄 것을 의뢰해왔다. 나는 기존 연구를 좀 더 확장시킬 기회라 여겨 곧 응했다. 그 과정에서 「유교에서 도덕과 이재」(『한국철학논집』, 2011)라는 논문을 쓰면서 내 나름 유교에서 도덕과 이익의 관계를 어떻게 보는가를 정리할 수 있었다.

그러고는 곧바로 이 책을 집필할 기회가 주어졌다. 나의 고향인 의성과 인접한 안동에 자리한 한국국학진흥원의 김미영 선생으로부터 연락이 왔다. '오래된 질문을 다시 던지다'라는 교양총서를 기획하고 있는데, '이利' 개념으로 한 권의 책을 써달라는 것이었다. 말인즉슨, 이 개념은 기존 유학에서 드물게 다루었지만 오늘날 현실에서는 많은 사람이 관심을 갖는 주제이기에 이를 좀 더 깊이 있게 탐구해보자는 취지였다. 그것이 곧 이 책이 나오게 된 직접적인 계기다.

이 책은 다음과 같이 구성되어 있다.

먼저 1장 1절의 '이利의 기본 의미'에서는 왜 인간에게 윤리 혹은 도덕의 문제가 발생하는가를 제기하면서, 여기서 이 개념이 필연적으로 다루어질 수밖에 없는 연유를 짚어보았다. 곧이어 이利 자의 구성 원리를 밝혀주는『설문해자說文解字』에서 출발해 사서 이전의『서경書經』과『역경易經』에 나타난 이 글자의 가장 주요한 유교적 원의를 해설했다. 2절에서는 유교에서 이의 의미를 그 자체로서 해명하는 동시에, 이를 동서양의 다양한 도덕 혹은 윤리학적 사조와 연관지어 비교철학의 관점에서 해설했다. 즉 2장에서는 유교의 근간을 형성하는 여러 경전에 나타난 이 개념을 특히 의義 개념과 연관지어 그 윤리학적 의미를 제시하고자 했다. 그리고 이 과정에서 나는 유교의 의와 이 개념을 아리스토텔레스적 행복주의 윤리설, 칸트의 의무론적 윤리설, 쾌락주의 및 공리주의 윤리설과 연관지어 해설하는 동시에 동양의 묵자 및 도가의 관점과도 대비하여 제시하고자 했다. 그리고 3절에서는 유교적 이의 관점이 지니는 의의를 정리하고 현대적인 시각에서 평가하고자 했다.

2장 '원전과 함께 읽는 이利'에서는『설문해자』에서 시작해 사서 이전의 경전에 나타난 글자의 원의를 우선 풀어보았다. 곧이어『논어』『대학大學』『중용』『맹자』및『순자』, 그리고 한대 동중서의 저작과 성리학의 대표적 자의字義 해설서인 진순의『성리자의性理字義』에서 이에 대한 대표적인 언명들을 발췌해 해설했다.

마지막으로 제3장에서는 인용된 원문들을 제시했다.

이 책을 내면서 새삼 '나'라는 존재가 여러 인연으로 형성된 관계적 존재임을 절실히 느꼈다. 특히 철학 공부를 하는 데 은사이신 신오현 선생님으로부터 가장 큰 가르침을 받았다. 그리고 이 책을 낼 수 있었던 데에는 이동철, 김미영 두 분 선생과의 인연이 자리해 있다. 마지막으로 난삽한 글이 제 꼴을 갖추도록 애써준 글항아리 편집부에 감사드린다.

2013년 5월

석성산 기슭에서

임헌규

1장

최

풀이하는 글

利

1. 이利의 기본 의미

　　사람은 존재하는 것들을 배우고 익힌다. 때로는 그렇게 배우고 익힌 것이 실재에 부합하는지 의심하고 반성하기도 한다. 이러한 학습과 반성이 가능한 것은 사람에게 마음(의식)이 있기 때문이다. 마음으로 학습하는 반성적인 삶은 인간의 고유한 존재 방식이다. 전지전능한 신은 의심하여 묻거나 배울 필요가 없으며, 의식을 결여한 존재는 이러한 활동을 수행할 능력이 없다.

　　실로 인간은 신과 미물 사이에 위치한 중간 존재다. 이 점에 착안하여 한자어에서는 두 사람을 형상화하는 사람 '인人'에 관계적 존재임을 나타내는 사이 '간間'을 더해 인간人間이라고 했다. 인간이란 혼자서는 온전한 삶을 영위할 수 없는 유적 존재다. 수직적으로는 "완전한 존재(하늘)와 사물 사이天地之間 萬物之中"에, 수평적으로는 "여러 사람 사이에 존재하는 공동체적 존재人也者 仁=二人也"다. 이렇게 사이 존재로서 인간은 의식(마음)을 지니기에 존재하는 것들을 부단히 의식하면서 마음을 기울이며 문제로서 다루고(존재론), 존재에 대한 우리 앎이 실재를 정당하게 반영하는지 반성한다(인식론).

그런데 인간은 존재하는 것이 무엇인지 묻고, 그 존재에 대한 앎과 인간의 인식능력을 반성하는 데 그치지 않는다. 즉 인간은 존재에 대한 인식과 그 능력에 대한 반성을 토대로 세계에 자신의 의지와 욕망을 투영해 목적에 부합하도록(즉 합목적적으로) 구성하는 적극적이며 실천적인 행위의 주체다. 그런데 개인의 의지와 욕망은 무한하지 않은 재화財貨로 인해 항상 타인의 의지·욕망과 서로 충돌한다. 여기서 행위 주체 간의 상호 인정 투쟁이 나타나며, 개인의 의지와 욕망은 통제와 제약을 받게 된다. 그렇기에 인간에게는 할 수 있는 것과 할 수 없는 것, 하고 싶지 않아도 해야만 하는 일과 하고 싶어도 하지 말아야 할 일들이 생겨난다. 이를 우리는 당위적 차원의 '도덕' 혹은 '윤리'의 문제라고 말한다. 여기서 도덕이란 인간이 태어나면서 부여받은(덕이란 얻어 지니고 태어난 것이다德得也) 자연적 본성으로 말미암아 마땅히 가야 하는 길道을 의미한다. 그리고 윤리란 그 어원(倫=人(사람)+侖(모임)+理(이치·결)=모인 사람들의 결 혹은 이치)이 나타내듯이, 공동체적 존재로서 인간이 함께 삶을 영위하면서 따라야 할 당위 법칙이다. 인간은 이러한 도덕·윤리를 인식하고 실천할 수 있다는 점에서 여느 존재와 특별히 구별된다.

도덕은 인간이 가야 할 길이고, 윤리는 인간관계의 질서다. 인간 이외의 어떤 존재에게도 도덕·윤리는 문제가 되지 않으며, 인간이 사회적 존재가 아니라면 도덕·윤리의 문제는 생겨나지 않는다. 사회적 존재로서 가야 할 길과 질서가 도덕·윤리다.

바로 이 점에서 윤리·도덕을 중시한 유교나 종교에서는 당위적인 의義(의로움, 올바름, 마땅함)를 중시하고 결과에 따르는 이利(이롭다, 이롭게 하다, 유익하다, 편리하다, 통하다, 날카롭다, 이기다, 날래다, 탐하다, 이자, 이익, 승전)를 부차적인 것으로 여기는 경향이 있었다.

이 책에서는 의를 중시한 유학이 '이利'를 진정 무엇으로 보았는가, 유학자들은 이를 어떻게 파악했는가라는 문제를 살펴본다.

먼저 『설문해자』에서 풀이된 글자의 의미부터 보자.

이利는 가래 혹은 '예리한 기물銛'을 뜻하며 '칼 도刀(刂)'에 따른다. 조화和가 있은 다음에 이로움利이 있는데, 조화와 살핌省(가을에 추수 상태를 살핌, 가을 제사)에 따른다. 『주역』「문언전」에 말하기를, "이로움이란 의로움이 조화를 이룬 상태'라고 했다."

요컨대 '이利'는 벼 '화禾'와 칼 '도刀'가 결합된 회의문자다. 우선 도刀를 기본 의미로 생각하는 견해에 따르면, 병기구·농기구 날의 예리함을 의미한다. 이인利刃(날카로운 칼날), 이구利口(말을 교묘하게 잘함), 이족利足(발이 빠름) 등이 여기서 파생된 단어다. 여기서 이는 '날카롭다' '예리하다' '빠르다'라는 뜻을 지니게 되었다.

그리고 이利는 '칼로 벼를 베다', 즉 수확收穫을 뜻한다. 그런데 이렇게 벼를 베어 수확하는 것은 벼의 측면에서 보자면 결실을 이뤘다利者 萬物之遂, 혹은 인신引伸하여 '순조롭게 조화를 이뤘다'는 의미다. 결실을 이룬 벼를 수확하는 것은 곧 씨를 뿌리고 가꾸는 노고를 아끼지 않았던 농부 편에서 보자면 결과적인 '이익'이 된다. 여기서 농부의 이익이란 겨울에 갈무리를 잘하여 봄에 씨를 뿌리고, 여름에 살피고, 가을에 거두는 등 마땅히 할 도리를 온전히 다하고는 뒤따르는 결과다. 이利가 철학적으로 문제되는 것은 바로 이 후자의 측면이다. 그런데 사상사에서 이는 기본적으로 칼로 벼를 베는 것에서 나오는 '결과적인 이익'을 의미하기 때문에 과정의 석합성을 의미하는 '동기적인 의義'와 대립되어왔다. 이의 부정적 의미로는 소리小利, 사리私利, 이기利己 등이 있으며 긍정적으로는 대리大利, 공리公利, 민리民利 등의 개념으로 전개되기도 했다.

이 책에서는 주로 철학적 측면에서 '이' 개념을 다루려 한다. 여기서 사서四書 이전의 경전인 『서경』과 『주역』에 나타난 대표적인 두 구절만 살펴보자. 먼저 역사상 가장 오래된 문헌인 『서경』 「대우모」에는 잘 알려져 있듯이 '정덕正德, 이용利用, 후생厚生'이라는 말이 나온다.

우임금께서 말씀하셨다. "아! 폐하께서는 익의 말을 잘 생각하십시오! 덕이란 정치를 잘하는 것이며, 정치란 백성을 편안하게 하는 것입니다. 물·불·쇠·나무·흙·곡식을 잘 관리하십시오. 그리고 덕을 바르게 세우고, 쓰는 물건을 편리하게 하며, 생활을 풍요롭게 하신다면 백성은 화목해질 것입니다. 이 아홉 가지 일을 잘 조화시켜 실행하십시오. 이 일들이 잘 실행되면 백성은 폐하의 어진 정치를 노래할 것입니다. 어진 정치로 일깨워주시고, 형벌로 감독하시고, 아홉 가지 노래로 격려해주십시오. 이로써 덕의 정치가 무너지지 않도록 해주십시오."

禹曰 於 帝念哉. 德惟善政, 政在養民, 水火金木土穀惟修, 正德利用厚生惟和.

九功惟敍, 九敍惟歌. 戒之用休, 董之用威, 勸之以九歌, 俾勿壞.

이 구절에 대해 주자의 제자 채침은 "정덕이란 백성의 덕을 바로잡는 것이고, 이용이란 기물을 만들고 재화의 유통을 원활하게 하여 백성의 일상생활에 이로움을 주는 것이며, 후생이란 솜옷을 입게 하거나 고기를 먹을 수 있게 하여 굶주리지 않고 춥지 않게 하는 따위로 백성의 생활을 풍족하게 하는 것"[2]이라고 주석했다. 그리고 자해字解에 따르면, "정덕은 윤리를 밝히는 것이며, 이용은 상공업을 발달시키는 것이고, 후생은 생명을 보전케 함이요, 아홉 가지 공은 물과 불과 쇠와 나무와 흙과 곡식 여섯 가지와 정덕·이용·후생 세 가지가 합하여 아홉 가지 공이 되고, 아홉 가지 펼침은 아홉 가지 공을 펼치는 것이고, 아홉 노래는 아홉 공을 노래하는 것이다"[3]라고 되어 있다. 그렇다면 '이용'에는 여러 기물과 유통 수단 등을 편하고 이롭게便利 활용하여(수단), 의식주 등의 재물을 풍부하게 해 백성의 삶을 풍요롭게 만드는 것(목적)이라는 의미가 들어 있다.

그리고 앞서 『설문』에서 인용된 『주역』「중천건괘」의 원문과 「문언전文言傳」은 다음과 같다.

건乾은 원元코, 형亨코, 이利코, 정貞하니라. (…)
문언에서 말하기를, '원이란 착함의 어른이며, 형이란 아름다움의 모임이며, 이는 옳음의 화합함이고, 정은 일의 주장함이다. 군자가 인을 체득하면 족히 사람들의 어른이 되며, 모임을 아름답게 하면 족히 예의에 부합하고, 만물을 이롭게 하면 족히 의로움에 화합하며, 바르고 곧음이 족히 일을 주간한다. 군자는 이 네 가지 덕을 행한다. 그러므로 역에 말하길, "건은 원형이정"이라고 했다.

乾. 元亨利貞 (…) 元者, 善之長也, 亨者, 嘉之會也, 利者, 義之和也, 貞者, 事之幹也. 君子體仁足以長人, 嘉會足以合禮, 利物足以和義, 貞固足以幹事. 君子行此四德者, 故曰 "乾, 元, 亨, 利, 貞."

여기서 건乾은 하늘天의 성정性情을 상징한다.[4] 알다시피 대부분의 전통사회에서는 "만물을 지배하는 궁극의 존재 혹은 신성한 법칙divine law이 있고, 그 존재와 법칙이 도덕성은 물론 모든 인간관계의 토대를 제공했다"[5]는 세계관을 공유했다. 동아시아 문화권에서 궁극의 존재는 '하늘'[6]이다. '천天'은 다음과 같이 발생되어 확장되었다고 말해진다.

사람의 몸에서 가장 높은 윗부분이 바로 머리이기 때문에 머리를 형상화하는 것에서 '높음高'의 의미가 먼저 나왔고, 다음에 '넓음廣大'의 의미로 확장되고, 그다음 가치의 의미가 더해져 존경과 외경의 대상으로 확장되어 만물의 주재자인 신과 인간의 통치자인 군 등의 의미로 넓어졌다. 금문에서 천은 상제上帝라는 의미 외에 천자天子, 천명天命, 천실天室 등의 합성어 형태로 쓰였다.[7]

요컨대 하나의 큰(天=一+大) 궁극적인 절대 존재로서 하늘은 스스로 이름을 내고名, 길을 트며道, 결理을 낸다. 하늘은 스스로를 이루고成己, 만물을 이루어줌成物으로써 하늘의 길天道을 간다. 하늘의 길은 봄, 여름, 가

소유의 욕망, 이란 무엇인가

을, 겨울로 운행되며, 봄의 덕을 '원元', 여름의 덕을 '형亨', 가을의 덕을 '이利', 겨울의 덕을 '정貞'이라고 일컬어왔다.

건이란 만물의 시작이다. 그러므로 하늘이 되고, 양이 되고, 아비가 되고, 임금이 된다. 원형이정은 건의 사덕이라고 하니 원이란 만물의 시작이고, 형이란 만물의 자라남이며, 이란 만물의 과정상 이룸遂이고, 정이란 만물의 완성成이다.[8]

원형이정은 (⋯) 원이란 큼大이며, 형이란 형통함通이고, 이란 마땅함宜이며, 정이란 바르고 굳은 것이다. (⋯) 대개 통괄하여 논하면, 원이란 만물이 처음 생겨남이며, 형이란 만물이 창성해서 무성함이며, 이는 결실로 향함이며, 정은 결실이 완성된 것이다. 결실이 이뤄지면 그 뿌리나 꼭지가 떨어져서 다시 종자가 되어 생겨날 수 있으니, 이렇게 하면 사덕이 순환하여 끝이 없다.[9]

하늘이 지닌 봄春의 덕을 말하는 '원'은 새싹이 움트는 것을 형상화한 글자로 으뜸 혹은 시초라는 뜻이다. 그리고 여름의 덕인 '형'은 밥을 짓거나 음식을 삶는 그릇을 나타내는 것으로 '익다' 혹은 '삶다'라는 뜻을 지니는데, 여기서는 여름에 따사로운 햇살이 곡식을 무성하게 성장시키는 것을 나타낸다. 가을의 덕인 '이'는 '벼禾'와 '칼刂'이 결합돼 만들어진 회의 문자로 가을에 무르익은 벼를 낫으로 베어 수확하는 데서 나오는 이로움을 나타낸다. 그리고 겨울의 덕을 상징하는 '정'은 '점卜'과 '조개貝'가 결합한 회의문자로 돈으로 쓰는 조가비를 신에게 올린다는 뜻인데, 이는 곧 추수 이후에 시행되는 것으로 만물의 완성을 의미한다고 할 수 있다. 나아가 「문언전」에서는 『설문해자』와 같이 이利를 의로움義 혹은 마땅함宜과 연결시키고 있다. 이에 대한 다음 설명을 참고하자.

원이란 만물이 생겨나는 시초이니 천지의 덕이 이보다 먼저인 것이 없으므로, 절기로는 봄이고 사람에게는 인仁이 되어 모든 착한 것의 어른이 된다. 형은 만물의 형통함이니 만물이 이에 이르면 아름답지 않은 것이 없으므로 절기로는 여름이 되고, 사람에게는 예禮가 되어 여러 아름다움의 모음이 된다. **이란 만물이 생겨남을 이룸이니 만물이 각각 그 마땅함을 얻어 서로 방해하지 않으므로, 절기로는 가을이 되고 사람에게 있어서는 의義가 되어 본분(나눔分)의 조화를 얻는다.** 정貞은 만물 생성의 완성이니, 실제 행해지는 이치가 갖추어져 상황에 따라 작게 만족함이 있다. 그러므로 절기로는 겨울이 되고, 사람에게는 지혜가 되어 여러 일의 줄기(주간)가 된다. 간은 나무의 몸통이니 가지와 잎, 새가 의지해서 서 있는 것이다.[10]

그렇다면 사서 이전에 나타난 이利의 대표적인 의미는 다음과 같이 요약할 수 있다. 즉 '이용利用'이라는 말로 나타난 『서경』「대우모」에서는 윤리적인 정덕正德과 함께 상공업적인 수단, 즉 여러 기물과 유통 수단 등을 활용해 재물을 풍부하게 함으로써 백성의 삶을 풍요롭게 만드는 데 기여한다는 의미가 있다. 그리고 『주역』「문언전」에서의 '이'는 절기로서는 가을로 만물이 무르익은 것을 의미한다. 무르익었다는 것은 각각 그 마땅함義宜也을 얻어 조화를 이룬 상태를 말한다. 이 때문에 "이로움이란 의로움이 조화를 이룬 상태다利 義之和也"라고 말하는 것이다. 그리고 바로 이것이 유교에서 말하는 이로움의 참뜻이다.

2. 유교에서 이의 의미

　　　의식적 존재로서 인간은 '완전한 존재'와 '열등·미미한 존재' 중간에서 다른 인간과 더불어 살아가는 가능성의 존재다. 가능성의 존재로 삶을 영위하는 한, 인간은 시공간적인 한계로 인해 여러 가능성 중에 특정한 것을 선택할 수밖에 없다. 그렇다면 어떤 것을 선택해 어떤 삶을 영위하는 것이 알맞고 올바를까? 바로 이것이 윤리학 혹은 도덕철학의 오랜 과제였다.

　　인간의 올바른 윤리적 선택과 행동 기준에 대해서는 역사상 명멸했던 학파마다 견해와 입장을 달리했다. 일반적으로 전통시대의 형이상학적 체계에서는 타율적인 '명령의 윤리학'이 지배적이었다. 요컨대 궁극적 존재의 명령과 그 기록물인 경전(성경, 쿠란 등)에 선택과 행위의 방법이 규정되어 있기 때문에 그 명령에 따르는 것이 올바르다는 것이다. 이러한 명령의 윤리학은 그 신앙 체계의 토대가 되는 형이상학적 전제를 타당한 것으로 받아들이지 않는다면, 그 계율의 학적 정당성이 의심스러워진다. 사서를 중심으로 하여 나타난 유교 윤리 또한 이러한 명령 윤리학의 형이상학적 요소를 지니고 있지만, 공자와 『중용』에서 하늘의 명령을 인간 본성이라고 규정함으로써 기존의 신화적·형이상학적 요소가 상당히 탈색되었다.

영원을 지향하는 타율적인 명령 윤리학의 반대편에는 자연주의에 입각한 찰나적 쾌락주의Hedonism 윤리학이 자리하고 있다. 이들은 "자연은 인간에게 쾌락을 추구하고, 고통은 회피하라"고 가르친다고 말한다. 삶에 즐거움을 가져다주는 것을 선택하고 고통을 회피하는 것이 좋은 것이며 옳은 것이라고 말한다. 하지만 가려울 때 긁는 것이 즐거움을 가져다줄 수 있지만, 그것이 곧 도덕적으로 선한다고 할 수 있을까? 나아가 순간의 즐거움은 궁극적으로는 즐거움이 아니라 오히려 해로울 수 있고, 쓴 약이 오히려 몸에 좋다고 하는 이른바 '쾌락의 역설paradox of pleasure'은 윤리학적 이론으로서 쾌락주의의 학적 타당성에 의문을 제기하게 만든다.

이러한 타율적 명령의 윤리학과 쾌락주의적 윤리설이 거의 받아들여지지 않는 현대에 여전히 영향력을 발휘하는 설이 있으니, 바로 "선이란 이익이 되는 것, 유익한 것이다"라는 공리주의 윤리설이다. 동양에서도 이미 묵자墨子가 "옳은 것이란 이로운 것이다義 利也"[11]라고 선언한 이래, 결과론적인 공리주의 윤리설은 여전히 유효하며 혹은 최소한 타당성을 지닌다. 공리주의 반대편에 고전적 윤리학의 전형인 아리스토텔레스의 행복론적 윤리설과 근대의 엄밀한 학문적 정초를 추구한 윤리학의 소산인 칸트의 의무론적 윤리설이 있다. 사서에 나타난 이 개념의 철학적 의미는 행복론적 덕의 윤리학 및 의무의 윤리학과 공리주의적 윤리설의 대립에서 살펴봐야 할 것이다.

유가 윤리설은 일견 목적론적인 행복 윤리학과 상당히 유사하다. 행복론적 윤리설은 질료-형상 이론이라는 목적론적 세계관에 기반을 두고, "인간의 목적은 행복"이라고 선언하는 데서 출발해 윤리적 가치, 즉 선한 행위를 행복으로 규정한다. 이 점에 대해 아리스토텔레스는 다음과 같이 말한다.

인간 행위의 목적은 행복이며, 행복은 목적이기 때문에 그 자체로서 추구되는 것이고, 다른 것들은 행복이라는 목적의 수단이 되며, 따라서 이러한 목적은 최고선이다. (…) 행복이 최고선이라는 주장은 아마 일반적으로 동의될 것이다. 그렇다면 행복이 무엇인지 좀 더 분명하게 규명하는 게 필요하다. (…) 인간이 해야 할 것은 이성에 따른 영혼의 활동이라고 할 수 있다. (…) 행복(인간적인 선)은 완전한 덕에 따르는 영혼의 활동이므로, 우리는 덕arete을 검토해야만 한다. 아마도 그것이 행복에 관해 우리가 더욱 잘 파악할 수 있도록 하는 방법일 것이기 때문이다.[12]

아리스토텔레스에 따르면, 최고선으로서 인간의 궁극적인 목표는 행복이다. 행복은 '완전한 덕에 따르는 영혼의 활동'이기 때문에 영혼의 덕을 살피는 것이 행복 문제를 해결하는 필요조건이다. 결국 그는 인간 영혼의 덕, 즉 이성을 가장 잘 실현한 상태가 인간의 목적인 행복을 가장 잘 구현한 상태라고 말한 셈이다. 이와 같은 입장이 사서로 대표되는 유가 윤리에도 나타나 있다.

유교 또한 "모든 존재는 실현해야 할 목적 아래 서로 감응한다"는 세계

소유의 욕망, 이란 무엇인가

관에 입각해 있다는 데서 출발해보자. 유교적 세계관에 따르면, 바람직한 만물 및 인간관계는 "모든 존재가 그 목적으로 주어진 본성의 덕을 온전히 실현하면, 만물이 조화를 이루어 서로 감응하면서 비로소 형통해진다."

무릇 임금과 신하, 위와 아래로부터 만물에 이르기까지 모두 서로 감응하는 도리가 있으며, 사물이 서로 감응하면 형통하는 것이 이치다. 임금과 신하가 서로 감응하면 군신의 도리가 통하며, 위와 아래가 서로 감응하면 위와 아래의 뜻이 통한다. 부자, 부부, 친척, 붕우에 이르기까지 모두 정의情意가 서로 감응하면 화순和順하게 형통한다. 사물이 모두 그러하다.[13]

요컨대 궁극자인 하늘이 인간 및 만물에 거역할 수 없는 명령으로 본성의 덕을 주었는데, 그 본성의 덕에 따라 삶을 영위하는 것이 올바른 삶이며, 모두 올바른 삶을 영위하면 존재들이 형통하게 된다는 논리다. 이러한 감응론이 관계적으로 존재하는 인간들 사이에 적용되어야 한다는 것이 바로 정명론正名論이다.[14] 공자는 정명正名의 도道를 이른바 "임금은 임금답게, 신하는 신하답게, 부모는 부모답게, 자식은 자식답게 행동해야 한다"[15]는 말로 제시했다. 정명의 도는 "모든 이름名에는 고유한 덕 혹은 몫分數이 있는데, 모든 존재는 이 이름에 주어진 고유한 덕과 분수를 구현하는 것이 올바른 윤리적 삶이라는 것이다. 주자朱子는 이를 다음과 같이 분명히 해석한다.

대개 하늘이 뭇 백성을 낳으심에 사물이 있으면 법칙이 있다. 그러므로 만물과 모든 일은 각각 '마땅히 머물러야 할 곳'을 지니는 것이다. 다만 '처한 지위'가 다르면 '머물러야 할 선(좋음)'도 다르다. 그러므로 군주가 되면 마땅히 인仁에 머물러야 하고, 신하가 되면 마땅히 공경敬에 머물러야 하며, 자식이 되면 마땅히 효도에 머물러야 하고, 부모가 되면 마땅히 사랑함에 머물러야 한다. 나라 사람들과 사귀면 마땅히 머물러야 할 곳이 신뢰에 있으니, 이는 모두 하늘의 이치와 인륜의 극치로서 사람의 마음人心이 그만둘 수 없는 곳에서 나온 것이다.[16]

여기서 주자는 정명론을 체용體用으로 나누어 해석하고 있다. 그것은 우선 인간을 포함한 모든 만물은 하늘이 부여한 법칙, 즉 본성의 덕을 지니고 있는데, 이 본성의 덕을 구현함으로써 그 자신의 정체성을 세울 수 있다는 것이다. 그리고 둘째, 자기 본성의 덕을 구현하는 각각의 존재는 시공의 제약으로 말미암아 처지를 달리하기 때문에, 그 처하는 위치에 따라 구현해야 할 선(좋음)의 내용 또한 다르다는 것이다. 주지하듯이 선(좋음)이란 모든 존재, 특히 이성적-윤리적 존재인 인간이 추구해야 할 궁극의 목적으로 여겨진다. 그래서 서양 윤리학의 최고 고전인 아리스토텔레스의 『니코마코스 윤리학』은 "모든 기예와 탐구 그리고 모든 행위와 선택 역시 어떤 선(좋음)을 목표로 하는 것으로 생각된다. 그렇기에 사람들은 선이야 말로 모든 살아 있는 존재가 추구하는 것이라고 옳게 규정해왔다"[17]는 언명으로 시작했던 것이다. 맹자가 제시한 오륜五倫은 구체적인 관계 속에서

소유의 욕망, 이란 무엇인가

정명을 통해 각각의 선을 실천해 마침내 '지극히 선한至善' 공동체를 구현하는 것, 인간이 처한 관계적 상황을 최소한으로 압축하고 그 덕목을 제시한 것이라고 할 수 있다.[18]

　여기서 우리는 공맹 윤리의 핵심을 형성하는 정명론에 대해 다음과 같이 말할 수 있다. 우리는 정명의 논리에 따라 명실상부한 인간으로 살아가려면 고유한 덕(인의예지仁義禮智)을 종신토록 구현해야 한다(체體). 그러나 관계적-사회적 존재인 인간은 시공간에서 상대적 상황과 처지에 놓일 수밖에 없다. 따라서 인간은 정명의 원리를 실현할 때, 현실의 지위名에서 요구되는 관계 조건 안에서 의무와 도리를 온전히 다하는 방식으로 보편적인 덕을 추구할 수밖에 없다. 체용론적으로 해석하면, 정명의 윤리는 이중의 의미를 지니면서도 하나의 통일된 목표를 지향한다. 보편적 이념으로서의 정명은 후자, 즉 관계적 정명에 의존하여 현실화된다. 나아가 현실적 역할 수행으로서의 정명은 목표와 원칙에 부합할 때 비로소 그 정당성을 인정받을 수 있다. 정명론은 이렇게 이념과 현실에서 발생하는 괴리를 합체시켰을 때, 비로소 그 이념적 타당성과 현실에서의 적실성을 확보한다.

　행복이 영혼의 덕을 가장 잘 실현하는 것이라고 한다면 그 덕이란 무엇인가? 마치 불이 뜨거운 덕을, 물이 차가운 덕을 지니고 태어났듯이, 인간 마음은 어떠한 덕을 지니고 태어나서 금수禽獸와 구별되는 것일까? 이에 대한 공자의 대답은 인간은 (잔인한 동물과는 구별되게) 공동체적 존재로 다른 구성원을 사랑하는 마음, 즉 인仁의 덕을 지니고 태어났으며, 그것이 바로 인간을 인간답게 하는 것[19]이라고 말한다. 바로 이런 이유에서 『논어』 가운데 '인仁'이라는 단어는 총 105회나 나오며, 전체 499절 가운데 58곳에서 이 개념에 대해 논의하고 있다. 다음은 대표적인 구절이다.

사람으로서 인仁하지 못하면 예절을 잘 지킨다고 해도 무슨 소용이 있으며, 사람으로 인하지 못하면 음악을 잘한다고 해도 무슨 소용이 있겠는가?[20]

군자가 인을 버리고 어디에서 명성을 이루겠는가? 군자는 밥 먹는 사이에도, 급하고 구차한 때에도, 넘어지고 엎어질 때에도 인을 어기지 않는다.[21]

공자의 이런 이념을 계승하여 증자는 "선비는 드넓고 굳세지 않을 수 없으니, 그 임무가 무겁고 가야 할 길이 멀기 때문이다. 인으로 자임하니 또한 무겁지 아니한가, 죽은 뒤에 그치니 또한 멀지 아니한가?"[22]라고 하여, "인이 인간됨의 근거이기 때문에, 인간이 살아 있는 한 종신토록 구현해야 할 것"으로 제시하고 있다. 그리고 맹자는 인을 인간이 선천적으로 지니고 태어난 '마음의 본성(性=心+生: 마음이 타고난 것)'이라고 구체적으로 정의한다. 그런데 인간의 보편적 덕이 되는 인이란 『설문해자』에 따르면 "친애親愛한다는 의미로 두 사람(人+二)에서 유래했다"[23]고 하는데, 이는 곧 인간이란 (금수와 구별되는) '서로 친애하는 공동체적 존재'임을 함축한다. 즉 "인간이란 모름지기 인해야 한다"는 공자의 주장은 "인간이란 정치사회적 존재이며, 다양한 사회관계에서 마땅히 해야 할 도리를 다해야 한다"[24]는 뜻을 담고 있다. 인간은 정치사회적 동물이기 때문에 여타 동물처럼 타자

소유의 욕망, 이란 무엇인가

에 무관심하거나 잔인한 것이 아니라 측은히 여겨 사랑할 줄 알며,[25] 다양한 인간적-사회적 관계에서 주어진 도리를 다해야 한다는 것이 공자의 인간관이자 윤리관이다. 그리하여 다산 정약용은 유가의 인을 다음과 같이 해석했다.

> 인仁이란 두 사람이다. 옛 전서篆書에서는 '인人'을 중첩시켜 '인仁'으로 삼았다. 이는 자子를 중첩시켜 손孫으로 쓴 것과 같다. 인이란 사람과 사람의 지극함이다. 자식이 부모를 효도로 섬기니 자식과 부모는 두 사람이고, 신하가 임금을 충심으로 섬기니 신하와 임금은 두 사람이고, 형과 아우가 두 사람이고, 목민관과 백성이 두 사람이다.[26]

그리고 유가에서 말하는 공동체적인 인간 존재를 다음과 같이 기술했다.

> 대저 이 세상에 태어나 땅에 내려온 처음부터 관에 덮이는 날까지 함께 더불어 살아가는 자는 인간뿐이다. 가까운 자를 부모 형제라 하고, 먼 자를 친구와 이웃이라 하고, 낮은 자를 신하·하인·어린이라 하고, 높은 자를 군사와 노인이라 한다. 무릇 나와 더불어 머리를 같이 둥글게 하고 모난 발을 하고 하늘을 이고 땅을 딛는 자는 모두 나와 더불어 서로 의지하고 돕고 교제하고 접촉하며 바로잡아주면서 생활하는 존재다.[27]

이처럼 인간을 "더불어 의지하며 돕는 존재"로 보았기 때문에 다산은 유교의 도란 오직 인간들 사이의 만남에서 "교제를 잘하는 것일 따름이다"[28]라고 말했다. 혹은 "사람의 길은 인을 구하는 데서 벗어나지 않고, 인을 구하는 것은 인륜을 벗어나지 않는다. 경례 삼백과 전례 삼천에서 천하 만사와 만물에 이르기까지 모두 인륜에서 일어난다"[29]고 했다. 일견 고원해 보이는 유학의 길은 인륜의 도에서 벗어나지 않는다는 것이다. 요컨대 유학의 도는 인간의 사회적 관계에서 성립된다. 이 관계에서 자신의 도리를 다하면 보편적인 덕이 실현되고, 정명이 구현된다고 할 수 있다. 인간은 끊임없이 미래를 향해 현재를 선택하고 계획하면서 자기동일성의 정립을 추구할 때 자연 상태를 벗어나 대자존재로서의 '지평'을 확보한다. 바로 여기에 자연과 사실에 대립하는 문화와 가치의 세계, 본능에 대립하는 의지의 동력이 추동되어 자연의 문명화, 사실의 가치화가 본능을 제압하는 의지의 투쟁으로 나타나면, 곧 인간화의 본질인 '자유'라 할 수 있다. 그리고 이러한 자유가 인간을 다른 어떤 존재와도 구별되는 '자기를 의식하는' 혹은 '자기를 정립하는' 인격 존재로 만들어준다.[30] 공자가 제시한 인격 존재가 바로 '군자君子'다.

그렇다면 인간이 인을 지니고 태어났다는 것을 어떻게 증명할 수 있는가? 이 과제를 수행한 것이 맹자의 '유자입정孺子入井' 비유[31]다.

사람은 모두 차마 못하는 마음이 있다. 선왕이 차마 못하는 마음이 있어 이에 차마 못하는 정치를 폈으며, 차마 못하는 마음으로 차마 못하는 정치를 펴면, 천하를 다스리는 것은 손바닥 위에 놓고 운행하는 것처럼 쉽다. 사람이 모두 차마 못하는 마음이 있다고 말하는 근거는, 지금 사람이 갑자기 어린아이가 우물로 들어가려는 것을 보고 모두 깜짝 놀라는 측은지심이 있으니, 이는 어린아이의 부모와 친교를 맺고자 해서가 아니며, 향당과 벗들에게 칭찬을 듣기 위해서도 아니고, 잔인하다는 소리가 싫어서도 아니다. 이것으로 보면 측은지심이 없으면 사람이 아니고, 수오지심이 없으면 사람이 아니며, 사양지심이 없으면 사람이 아니고, 시비지심이 없으면 사람이 아니다. 측은지심은 인仁의 단서이고, 수오지심은 의義의 단서이며, 사양지심은 예禮의 단서이고, 시비지심은 지智의 단서다. 사람에게 이 사단四端이 있는 것은 사체四體를 지닌 것과 같으니, 사단을 지니면서 스스로 (인의예지를) 행할 수 없다고 하는 자는 스스로를 해치는 자요, 그 임금이 인정仁政을 시행할 수 없다고 하는 자는 그 임금을 해치는 자다. 무릇 우리에게 있는 사단을 모두 넓혀서 채울 줄 안다면 마치 불이 처음 타오르고, 샘이 처음 나오는 것과 같을 것이니, 진실로 능히 채우면 족히 사해를 보호할 수 있고, 진실로 채우지 못한다면 부모도 족히 섬길 수 없다.[32]

이 논변에서 맹자는 인간에게는 '측은해하는 마음' 혹은 '차마 못하는 마음'이라는 무조건적인 선한 감정이 있다는 것을 확인하고, 이를 단서로 우리 본성의 덕이 인하다는 것을 추론하고 논증했다. 나아가 맹자는 이 측은해하는 마음 외에, 나와 다른 사람의 악을 보고 저절로 부끄러워하고 미워하는 마음(수오지심羞惡之心), 웃어른에게 자발적으로 양보하고 겸손해하는 마음(사양·겸양지심辭讓·謙讓之心), 옳음과 그름을 구별할 줄 아는 마음(시비지심是非之心)이 있으며 이는 사람이 사지四肢를 지닌 것과 같이 확실하다고 말한다.

어쨌든 여기서 다시 한번 확인할 수 있는 것은 개인주의자인 양주楊朱와 이익에 근거를 두고 행동할 것을 주장한 묵자에 대한 맹자의 중도적인 지양의 방법이다. 양주의 위아주의爲我主義가 개인 생명에 절대적인 의미를 부여하여 인간 공동체의 삶을 무시했다면, 묵자의 겸애주의兼愛主義는 전체적인 이익에 행위의 동기를 둘 것을 주장하는 공리주의功利主義를 주창하면서, 인간 본성이 무엇인지에 대해서는 침묵하고 있다. 현대 용어로 표현하면, 양주가 자유주의적 개인실체론(사회 명목론)을 주장했다면, 묵자는 전체주의적 사회실체론(개인 명목론)을 주장한 셈이다. 이에 비해 맹자는 인간이 지니는 타인에 대한 자발적 감정에 주목함으로써 우선 그 감정을 불러일으킨 인간 본성을 추론·확인하고, 둘째 그 인성이 동류인 인간에 대한 동정심이라는 점에서 인간들 사이에 유적 연대성이 있음을 설명했다. 즉 맹자는 인간의 개인성은 타인(사회)을 향하고 있다는 점과 사회는 개인의 인간성에 토대를 두고 있다는 것을 말하려 했다는 점에서 '개인의 사회성'과 '사회의 개인성'을 동일 근원의 두 양상으로 파악했다.

그런데 이 논변에서 주목할 것은 사단을 확충하여 사덕을 실현하면 아주 자연스럽게 최상의 성취를 가져올 수 있으나, 그렇지 못하면 최소한의 인간적인 것도 이룩할 수 없다는 맹자의 주장이다. 즉 맹자는 진정한 인간 본성에서 나오는 도덕적 동기는 묵자가 말하는 이익을 사소한 것으로 만드는 동시에, 양주에 의해 주장된 독거적인 자아를 해체시킨다. 맹자가 말하는 인간 본성(도덕적 에너지)에서 유래한 인간들 사이의 동정심은 묵자

적인 계산을 불살라버리며, 그 넘치는 원천은 양주의 고유한 정원을 휩쓸
어버린다.[33] 만일 맹자의 이 논증이 성공적이라면, 유교의 인성론적 윤리
이론은 현대 윤리의 위기 혹은 위기의 윤리를 극복하는 중대한 단서를 제
공하는 것이다. 어쨌든 유교는 이렇게 인간이 타고난 고유 본성과 거기서
자발적으로 드러나는 자연스런 마음에 근거를 두고 윤리 규범을 정립했
다.[34]

맹자로 말미암아 유교는 인간 마음에는 인의예지의 사덕이 그 본성으
로 내재되어 있음을 확인했다. 따라서 유가에서는 사덕을 가장 온전히 실
현하는 것이 인간의 자기완성이며, 곧 아리스토텔레스적인 의미에서 행복
이다.

그런데 유교는 인의예지의 덕으로 자기정립을 하려는 사람을 군자로 규
정하고, 세속의 이익에 골몰하는 사람을 소인이라고 규정했다. 공자는 인
간의 이상으로 군자를 제시하면서, "군자유君子儒가 되지, 소인유小人儒가
되지 말라"[35]고 제자에게 당부하고 있다. 여기서 공자의 군자 개념을 살펴
보자.

'군자'라는 용어는 공자에 의해 결정적인 의미 전환을 겪으면서 유교가
추구하는 이상적인 인격의 전형으로 정립되었다. 이는 '군자'라는 글자의
형성과정, 『논어』와 그 이전 문헌의 쓰임새를 비교해보면 곧 드러난다. 먼
저 어원부터 살펴보자. '군君'은 '윤尹'과 '구口'로 구성되어 있다. 그리고 '윤
尹'(다스리다, 바로잡다, 벼슬 이름)은 '곤l과 차叉로 구성되어 있는데, '곤'은
신장神杖으로 성직자가 손에 잡는 물건을, 그리고 '차'는 손을 나타낸다. 따
라서 '군君'은 신장을 손에 잡은 성직자로 의례를 행하거나 정사를 관장하

는 사람을 뜻한다. 그리고 '군'의 의미는 '존귀尊貴'이며, 군주가 앉은 모양을 형상화한 글자다. 독음은 벼슬 이름으로 다스린다는 의미를 지니는 '윤尹'자에서 비롯되었으며, '입口'으로 명령을 내려 백성을 통치한다는 의미에서 윤尹과 구口가 만나서 형성된 회의문자다.[36] 군자 또한 정치적 의미가 부여된 군君의 연장선상에서 생각할 수 있다. 공자 이전 문헌에서의 용례를 보면, 군자는 (군君, 인군人君, 군자君者, 인주人主 등과 비슷한 의미로) 최고 통치자인 천자天子로부터 '정치하는 귀족 계급 일반'을 일컫는 지위 또는 신분을 나타내다가 점차 그 군자가 갖추어야 할 덕목을 가리키기도 했다. 어쨌든 공자 이전에 '군자'는 "점차 도덕적 품성을 일컫는 용어로 사용되기도 했지만, 어느 경우든 지위 혹은 신분의 의미를 다분히 내포하고 있었다."[37]

『논어』에서 '군자'라는 낱말은 가장 중요한 개념인 '인'보다 더 자주 등장하는데, 전체 499절 가운데 85절에 걸쳐 107회 언급된다. 그리고 군자와 유사한 개념군에 속하는 이상적 인격을 나타내는 현인賢人이 24번(실제 공자의 언명으로는 13번), 성聖(인人)이 8번, 대인大人이 1번(「계씨」 8), 그리고 성인成人이 1번(「헌문」 13) 출현한 사실로 미루어보면, 우리는 공자가 군자의 개념 정립에 얼마나 열중했는지를 알 수 있다. 나아가 공자와 시대상 차이가 많이 나지 않는 『도덕경道德經』에서 '도道'가 73회, '성인聖人'이 30회, '군자'가 단 1회[38] 출현하는 것과 비교해보면, 공자가 최상의 완성된 인격인 '성인'보다 일상에서 호학好學을 통해 '인'을 실천하려고 끊임없이 노력하는 군자를 유가의 전형적인 인간상으로 제시하려고 했음을 알 수 있다. 그런데 『논어』 대부분에서 '군자'는 '도덕적 인격을 갖춘 사람'과 관계 있다.[39] 『논어』에서 군자는 좁은 의미로 쓸 때는 성인과 인자 다음인[40] 이상적 인격의 세 번째 단계를 나타낸다. 그리고 넓은 의미로 쓰일 때는 이상적 인격 일반의 명칭으로, 위로는 성인을 포괄하고 아래로는 인자 및 거기에 도달하려고 노력하는 군자를 포함한다. 그리고 이렇게 군자가 넓은 의미로 쓰일 수 있기 때문에 공자가 생각한 이상적 인격의 대표 명칭이라고 할 수도 있다.[41] 그렇다면 공자는 군자와 소인을 어떻게 구분했을까? 공자는 이를 다음과 같이 나눈다.

군자는 형이상의 인의예지에 통달하지만, 소인은 형이하의 이익에 통달한다.[42]

군자는 세 가지 두려워하는 것이 있는데, 천명天命(인의예지의 본성)을 두려워하고, 대인大人을 두려워하고, 성인의 말씀을 두려워한다. 소인은 천명을 알지 못하여 두려워하지 않으니, 대인에게 버릇없이 굴고, 성인의 말씀을 업신여긴다.[43]

공자에게서 하학과 상달의 관계를 칸트의 언명을 빌려 말해본다면, "아래로 인사에 통달하는 '형이하의 학문下學'이 없으면 '형이상에 대한 통달上達'은 공허하고, '형이상에 대한 통달'이 없으면 우리 삶은 한갓 세속에 사는 속인 혹은 소인적인 것에 불과하다"고 할 수 있다. 그런데 사람들은 대체로 세속의 이익과 수단에 매몰되어 형이상의 가치가 존재한다는 것을 망각하고 살아간다. 공자와 같은 철인도 나이가 쉰에 이르러 비로소 천명을 알았다[44]고 말하는데, 이는 결국 끊임없는 노력과 변화를 통해 '아래로 인사를 배우면서 형이상에 통달下學而上達'하게 되었음을 암시하고 있다.

공자께서 말씀하셨다. "나를 아는 자는 없을 것이다. (…) 하늘을 원망하지 않고, 남을 탓하지 않고, 아래로 인사人事를 배워 위로 하늘과 통했으니, 나를 아는 자는 하늘일 것이다."[45]

공자께서 말씀하셨다. "나는 말을 하지 않으려고 한다." 자공이 말했다. "선생님께서 말씀을 하지 않으시면 저희는 어떻게 기술하겠습니까?" 공자께서 말씀하시길 "하늘이 무슨 말을 하던가? 사시四時가 운행되고 온갖 만물이 생장하는데, 하늘이 무슨 말을 하던가?"라고 하였다.[46]

그렇다면 공자는 왜 형이상자인 하늘과 그 명령에 대한 인식知天命을 요구하는 것일까? 그것은 바로 하늘이 우리가 지니고 태어난 덕의 근원이며, 우리는 이 덕을 통해 인간으로서 자기 정립과 완성이 가능해지기 때문이다. 그래서 공자는 "하늘이 나에게 덕을 주셨으며"[47] 나아가 "하늘의 명령인 이 덕을 알지 못하면, 인간의 자기 정립이 불가능하기 때문에 군자가 될 수 없다"[48]고 말했다. 천명과 인간 본성의 덕, 그리고 인도人道의 관계는 『중용』과 『맹자』에 다음과 같이 나타나 있다.

하늘의 명을 일러 본성이라 하고, 본성에 따르는 것을 일러 도라고 한다.[49]

소유의 욕망, 이란 무엇인가

인이 바로 사람됨이다. 인과 사람을 합하면 도가 된다.[50]

하늘의 명령으로 인간이 지니고 태어난 본성의 덕은 다름 아닌 인의예지로 대표되는 사덕이다. 따라서 인의예지를 행하는 것이 곧 사람의 길이다. 이에 공자는 "군자가 인仁을 떠나 어디에서 이름을 이루겠는가? 군자는 밥 먹는 사이에도, 급하고 구차한 때에도, 그리고 심지어 넘어지고 엎어지는 때에도 인을 어기지 않는다"[51]고 말했다. 소인은 세상사의 이익에는 밝지만 형이상에 통달하지 못했기 때문에 하늘과 하늘의 명령을 알지 못하며, 따라서 하늘의 명령으로 우리가 지니고 태어난 본성의 덕으로써 자기 정립을 하지 못하기 때문에 인의예지를 실천하지 못한다. 그리하여 공자는 다음과 같이 말한다.

소인이면서 어진 사람은 없다.[52]

소인은 용감할 수 있지만 의로움義은 없다.[53]

그런데 군자에게서 인간됨의 도리로서 인은 도덕 행위의 근거가 되며, 의는 인간의 도덕 행위의 동기가 되고, 예는 도덕 행위의 표준이다. 또한 지란 도덕 행위의 근거와 동기, 그리고 도덕의 표준을 아는 것으로 모든 도덕 행위를 가능하게 하는 충분조건의 역할을 한다. 이에 공자는 다음과 같이 말했다.

삿된 자기를 이기고 예로 돌아가는 것이 인을 실천하는 것이니, 하루하루 삿된 자기를 이기고 예로 돌아가면 천하가 인으로 돌아갈 것이다.

인이란 사람을 사랑하는 것이며, 지知란 사람을 아는 것이다.[54]

그런데 도덕의 동기와 연관하여 봤을 때, '이利' 개념과 상관되는 것은 '의義'라고 할 수 있다. 그래서 공자는 인의예지 중에서 행위의 동기가 되는 '의'를 도에 달통하는 방법으로 제시하고,[55] 행위의 동기를 의에 두느냐, 아니면 이에 두느냐에 따라 군자와 소인을 구분하고 있다.

군자란 의를 바탕으로 예를 행하고, 겸손한 태도로 표현하고 신실하게 이루니, 군자답다.[56]

군자는 천하의 일을 처리함에 있어 반드시 해야 하는 것도 없고, 반드시 하지 말아야 하는 것도 없으며, 오직 의에 따른다.[57]

군자는 의에 밝지만, 소인은 이익에 밝다.[58]

군자는 의를 최상으로 여긴다. 군자는 용기가 있으나 의를 갖추지 못하면 혼란해지고, 소인은 용기가 있으나 의를 갖추지 못하면 도적이 된다.[59]

이러한 관점은 『맹자』와 『순자』에도 그대로 계승되었다.

대인이란 말에 있어 신뢰성을 기필하지도 않고, 행실에서 과단성이 있기를 기필하지 않지만, 오직 의로움만은 있다.[60]

이로움을 추구하고 재물을 다투어 사양하는 일이 없으며, 미친 듯이 날뛰고 지나치게 욕심을 부려 도리에 어긋나면서, 오직 탐욕스럽게 이로움을 찾는 것은 바로 장사꾼이나 도둑의 용기다. 의로움이 있는 곳을 찾아가고 권력에 기울어지지 않으며, 이로움을 돌보지 않고 온 나라를 주어도 눈길을 바꾸지 않으며, 죽음을 중히 여기면서도 의로움을 지키며 굽히지 않는 것은 바로 선비와 군자의 용기다.[61]

이렇게 유교에서 의는 인간이 자기 정립을 하는 근본이자 행위의 최고 준칙이다. 유가가 지향하는 인간의 이상인 군자는 의로움에 합치하면 행하고, 그렇지 않으면 행하지 않는다. 그렇다면 여기서 군자가 지향하는 '의'란 어떤 의미를 지니는지 살펴보자.

'의義'는 '양羊'과 '아我'(手+戈)의 조합으로 구성되는데, 『중용』에서 "의義는 적당함 혹은 마땅함(의宜: 도마에 고기를 잡아놓고 알맞게 진설해놓는 것)이다"[62]라고 규정하고 있다. 즉 의란 기본적으로 톱날이 있는 칼我로 희생물羊을 잡아 신들이 흠향할 수 있도록 알맞게 잘 다듬어놓은 것으로, 1) '알맞다' '적당하다' '마땅하다'라는 의미를 지닌다.[63] 그래서 주자는 "의宜란 사리를 분별하여 각각 마땅함이 있는 것이다"[64]라고 주석하고 있다. 또한 현실을 풍자한 장자가 "내가 스승으로 삼는 경지란 '만물을 다 이루어놓고도 의롭다고 여기지 않는 것을 말한다'[65]라고 했듯, '세세하게 잘 잘라서 고르게 나누어 질서 있는 것'이라는 의미를 지니게 된다. 말하자면 '양을 잡아서 고기를 나눈 것分'이란 의미에서 확대되어 2)'분배한 것이 이치에 알맞음'이라는 뜻으로 발전했다.[66] 또한 이렇게 분배적 정의를 나타내는 의는 '공公'과 같은 의미를 지니면서 '공평한 분배(공분公分)'라는 의미를 지니게 되었다.[67] 나아가 3)『설문해자』에 보면, "의義는 자기의 위엄 있는 거동으로 아양我羊을 따른다"고 되어 있다.[68] 즉 의(羊+我)에서 '아我'는 자기 자신을, '양羊'은 선이나 미를 상징한다는 점에서 "인간 자신의 선하고 착한 본성에서 나온 위엄 있는 행동거지(위의威儀)" 혹은 '정의의 구현으로서의 의식과 형벌'이라는 의미를 지닌다.[69]

그렇다면 군자가 지향하는 '의'란 곧 1)적당함 혹은 마땅함(의宜), 2)이치에 알맞음, 3)선한 본성에서 나온 위엄 있는 행동거지 등이다. 이런 점에서 본다면 유교의 의는 바로 '정당한 당위의 의무'라고 말할 수 있다. 즉 사람의 인한 본성을 지니고 태어났다면, 그 본성을 구현하기 위해 현실적으로 마땅히 행해야 할 의무가 바로 유교적 의다. 그리하여 맹자는 인이 인심人心(사람)으로서[70] "사람의 편안한 집人之安宅"이며, 의는 "사람의 바른길人之正道" 혹은 "마땅히 가야 할 길當行之路"이라고 거듭 주장하면서, "인에 기거하고 의로 말미암는다居仁由義"[71]는 표현을 자주 썼다.

그런데 정명론에 입각하여 모름지기 "군자는 의로움에 따라 행동한다"는 공자와 맹자에 반대하면서, "의로움은 이로운 것일 따름이다義利也"[72]라는 공리주의적 입장을 피력한 이가 묵자였다. 묵자는 '의란 무엇인가'라는 질문을 넌지면서, "비록 전하 전체를 자신의 직분으로 생각하고, 천하 전체를 이롭게 하는 능력이 있더라도 세상이 알아주지도 받아주지도 않으면 그만이다"(「경설」 상)라고 말했다. 행위에 있어 의무론적 동기주의를 비판하고, 결과론적 공리주의를 주장한 것이다. 이러한 공리주의적 입장에서 묵자는 차별 없는 겸애兼愛, 비공非攻, 절장節葬, 절용節用 등의 실천 원리를 주장했다.

이렇게 이익利과 성과功를 중시한 묵자의 입장은 그가 제시한 세 가지 표준三表, 즉 1)성왕의 사적에 근거했는가, 2)실제 경험에서 실증되었는가, 3)정치제도에 응용되어 국가와 인민의 이익에 알맞게 적용되었는가?(「비명」 상) 하는 것에 잘 나타나 있다. 묵자는 이러한 삼표의 관점, 즉 공리주의적 검증에 의해 전통적 실천 윤리를 비판하고 새로운 윤리를 주창했다. 그리하여 우선 묵자는 "실천에 옮길 수 있는 것이면 일반 법칙으로 만들고, 실천에 옮길 수 없는 것이면 일반 법칙으로 만들지 말라. 실천에 옮길 수 없는 것인데도 일반 법칙으로 만드는 것은 말장난에 불과하다"(「경주」)고 하여 지식 그 자체보다 응용성과 유용성을 중시한다. 그리고 "음악이란 당장의 쾌락을 가져다줄지는 몰라도 장래의 어떤 유리한 결과를 가져다주지 않는다"(「비락」 상)는 점에서 무가치하다고 비판한다. 나아가 재화의 사치와 낭비를 비판하고 '절약과 검소를 숭상尚儉'했으며, 유가 등이 주장한 성대한 장례厚葬와 긴 상久喪 제도를 비판하고 검소한 장례節葬와 짧은 상短喪을 주장한다. 요컨대 묵자는 "후장과 구상이 진실로 가난을 부유하게, 적은 인구를 많게, 위험을 안정되게, 혼란을 질서 있게 만들 수 있을까? 만일 그렇지 못하다면 이것들은 결코 인과 의, 효자의 일이 아니다"

(「절장」 하)라고 말했다. 부나 인구 증가와 같은 공리주의적 원리가 행위의 도덕성을 판단하는 최종 판단 기준이 된다고 주장한 것이다. 바로 이 원리에 입각해서 묵자는 차별 없는 겸애가 타인뿐 아니라 자기 자신에게도 이롭다는 점에서 "서로 사랑하라交相愛"고 주장했다. 그러나 이렇게 이익을 도덕 행위의 판단 기준으로 제시한 묵자의 입장은 "무엇을 위한 이익인가?"를 묻지 않는다는 치명적인 난점을 지닐 수밖에 없다.

그래서 순자는 의로움과 이로움은 인간에게 존재하는 두 요소라면서, 묵자가 공리주의적 입장에서 유가의 예약을 비판한 것에 응대하며 "묵자는 공리만을 앞세워 인륜을 어지럽혔다"(「비십이자」)고 비판한다. 그러면서 순자는 "의로움이 이로움을 이기면 치세治世가 되고, 이로움이 의로움을 이기면 난세가 된다. 윗사람이 의로움을 중요하게 여기면 의로움이 이로움을 이기고, 윗사람이 이로움을 중요하게 여기면 이로움이 의로움을 이긴다"고 했다. 이렇게 이로움과 의로움의 위계를 분명히 하고, 지도층이 이로움을 멀리할 것을 권고했다.

무릇 임금이 예의를 숭상하고 현명한 사람을 존중하면 왕자王者가 되고, 법을 중시하고 백성을 사랑하면 패자覇者가 되지만, 이익을 좋아하고 속임수를 많이 쓰면 위태롭게 된다. (…) 의로움과 이로움은 사람이라면 둘 다 가지고 있는 것이다. 비록 요순과 같은 임금이라도 이로움을 바라는 백성의 마음을 없앨 수는 없다. 단지 이로움을 바라는 마음이 의로움을 좋아하는 마음을 이길 수 없게 하는 것이다. 비록 걸주라 하더라도 백성이 의로움을 좋아하는 마음을 없앨 수 없다. 단지 의로움을

소유의 욕망, 이란 무엇인가

좋아하는 마음이 이로움을 바라는 마음을 이길 수 없게 하는 것이다. 그러므로 의로움이 이로움을 이기는 나라는 잘 다스려지는 세상이 되고, 이로움이 의로움을 이겨내는 나라는 어지러운 세상이 된다. 그런데 위에서 의로움을 중히 여기면 곧 의로움이 이로움을 이기고, 위에서 이로움을 중히 여기면 곧 이로움이 의로움을 이긴다. 그러므로 천자는 많고 적은 것을 말해서는 안 되며, 제후는 이해관계를 말해서는 안 되고, 대부는 얻고 잃는 것을 말해서는 안 되며, 선비는 재물을 유통시켜 이윤을 추구하는 짓을 해서는 안 된다. 나라를 다스리는 임금은 소나 양을 길러 불리는 일을 하지 말아야 하고, 예물을 임금에게 바친 신하는 닭이나 돼지를 길러서는 안 되며, 상경이 된 사람은 집 울타리가 무너져도 손수 수리해서는 안 되고, 대부는 밭농사를 지어서는 안 된다. 선비 이상의 사람들은 모두 이익을 추구하는 것을 부끄럽게 여기고, 백성과 사업 경영으로 다투지 않아야 하며, 자기 것을 나누어주고 베푸는 일을 즐기되 재물을 쌓아두는 일은 부끄럽게 여겨야 한다. 그렇게 하면 백성은 재물 때문에 곤궁해지지 않고, 가난한 사람들은 그들의 손을 놀려 일할 수 있게 되는 것이다.[73]

바로 이런 이유에서 장다이녠은 의로움과 이로움에 대한 유가와 묵자의 주장을 다음과 같이 구분하여 잘 지적해주고 있다.

의로움은 당위이며 또한 행위를 제안하는 것이다. 그러면 의로움의 표준은 어디에 있는가? 무엇이 당위이며, 무엇이 당위가 아닌가? 이런 점에 관해서는 대립되는 두 학설이 있다. 하나는 당위의 표준이란 사람들의 큰 이익 또는 인류사회 전체 이익이라고 여기는 것이다. 그러므로 대다수 사람의 행위를 이롭게 하는 것은 당위적인 것이며, 반대되는 것은 당위의 표준이 아니다. 이것이 묵가의 학설이다. 다른 하나는 당위의 표준이 사람을 사람답게 하는 조건, 즉 사람을 짐승과 구분짓는 조건에 있다고 보는 것이다. 그러므로 모든 사람을 사람답게 하는 조건을 표현하거나 발휘하는 행위는 당위적인 것이다. 그에 반대되는 것은 당위가 아니다. 이것이 유가의 학설이다.[74]

이제 여기서 도가의 입장을 살펴보자. 도가의 가장 중요한 경전인 『노자』에는 이利라는 용어가 몇 차례 나오지 않는다. 11장 "有之以爲利 無之以爲用"의 이는 효용성이란 의미이고, 19장 "絶聖棄智 民利百培"의 이는 이익이란 뜻이다. 하지만 유심히 살펴보면 도가 역시 춘추전국의 혼란기에서 이에 대한 나름의 중요한 의견을 제시하고 있음을 알 수 있다. 즉 유가가 "사태의 적합성義宜也"에 따라 일을 처리할 때 최선의 이가 발생한다고 주장했고, 묵가가 효용성을 의에 대한 판단 기준으로 보는 상반된 입장을 제시했다면, 유가의 의를 인위적인 강제라고 비판하고 묵가가 중요시한 이를 추구하는 것이 혼란의 근원이라고 비판한 학파가 바로 도가다. 즉 도가는 인의와 같은 어떠한 외적 강제 규범을 배격하고, 이익을 헤아리는 것과 같은 사사로운 지교智巧를 버리고, "말없이 스스로 그러한自然" 도를 체득하여 무위無爲, 무사無事, 무욕無欲, 호정好靜으로 행위할 때 천하는 안정된다 (『노자』 37장)고 주장했다. 바로 이 점에서 도가는 도와 덕을 체득하여 따를 때 장생구시長生久視(59장)하고, 항상 만족하는常足(46장) 진정한 이익이 생긴다고 말한다. 그래서 천지와 성인은 사사로움이 없기 때문에 오히려 그 자신의 목표, 이익을 이룬다고 말했던 것이다(7장). 나아가 그는 "큰 도가 폐해지자 인의라고 하는 외적 규범이 강요되었고, 이해를 고려하는 사사로운 지혜가 나오자 커다란 거짓이 있게 되었다"(18장)고 주장했다. 그리고 "성스러움을 끊고 지혜를 버리면 백성의 이익이 백 배 더해지고, 인을 끊고 의를 버리면 백성이 다시 부모에게 효도하고 자식에게 자애로워지며, 공교로운 기술을 끊고 이익을 버리면 도적이 없어진다. (…) 그러므로 성인은 명령하여 귀속할 바가 있게 하니, 본바탕을 보고 통나무를 껴안으며, 사사로움을 적게 하고 욕심을 줄여라"(19장)라고 말했던 것이다. 나아가 장자 또한 "서민은 이익을 위해 자기 몸을 희생하고, 선비는 명예를 위해 자기 몸을 희생한다"(「병무」)는 말을 했다는 점에서 사사로운 이익을 위해 도덕을 잃어버림으로써 진정한 복리를 잃어버리는 것을 경계했다.

무위자연의 도를 주장한 도가와 정반대의 길을 걸은 학파가 바로 법가法家다. 비록 법가가 군주의 통치 원리를 내세운 데에서는 노자의 영향을 받았지만, 이들은 철저히 유위有爲의 통치술을 주장한다. 철저하게 현실론의 입장에서 부국강병의 길을 모색한 법가는 우선 "민중이 인仁한 사람에게 귀속되는 것은 물이 아래로 흐르는 것과 같다"는 맹자의 입장과 정반대로 "민중이 이익을 구하는 것은 물이 낮은 곳으로 향해 흐르는 것과 같다"(『상군서』「군신」)고 주장하여 순자의 인성론을 일단 수용한다. 이러한 인성론에 입각하여 군주가 신상필벌의 통치술을 구사해 국가 경제를 활성화시키고 부를 풍요롭게 하기를 추구했다. 법가는 또한 공리와 사리를 철저하게 구분하는데, 여기서 사리가 민중의 개별적인 이익을 말한다면, 공리는 군주의 이익 혹은 군주가 지배하는 국가의 이익을 의미한다. 따라서 법가가 모든 민중은 이익을 추구한다는 것을 인정했다는 점에서 사리에 긍정적이었다고 말할 수 있지만, 이 사리는 궁극적으로 군주의 이익 즉 공리를 위한 수단에 불과했다.

그런데 인간의 당위를 지향하는 유가는 행복을 목적으로 하는 덕의 윤리인 동시에 '의무'의 윤리학을 제창하고 있다. 일찍이 칸트는 의무에 대해 다음과 같이 예찬하며 그 유래를 묻고 있다.

의무여, 우리에게 복종을 요구하는 숭고하고도 위대한 이름이여! (…) 우리 의지를 움직이기 위해 마음속에 들어온 자연 성향들을 쫓아내지 않으면서도 (…) 너에게 저항하는 그 모든 성향을 침묵하게 만드는 너의 존귀함은 어디에서 유래하는가? 자연적인 성향들과의 모든 유착을 늠름하게 거부하는 너의 고귀한 혈통은 어디에서 시작되는가? 오직 인간만이 자신에게 부여할 수 있는 가치, 그러한 가치의 필수 조건은 도대체 어떤 근원에서 유래하는 것인가?[75]

여기서 칸트는 우선 우리에게는 의무와 마음의 자연적인 성향이 있음을 지적하고, 인간은 그 의지에 의해 의무를 선택해 복종해야 함을 말하고 있다. 그리고 그는 의무의 근원에 대한 문제를 제기하는데, 이에 대한 그의 대답은 바로 정언명법定言命法이었다. 그는 다음과 같이 정언명법을 제시한다.

그러므로 정언적 명령법은 단 하나뿐인데, 그 준칙을 통해서 네가 그것을 동시에 보편적인 법칙으로 삼으려고 할 수 있는 그런 준칙에 따라서만 행위하라는 것이다. (…) 그렇기 때문에 의무에 관한 보편적인 명령법은 이렇게 말할 수도 있다. 마치 네 행위의 준칙이 네 의지에 의해 보편적인 자연 법칙이 되어야 할 것처럼 그렇게 행위하라.[76]

칸트가 정언명법에 기초해 인간의 의무를 제안한다면, 유교에서는 인간 본성의 덕에서 인간의 의무가 도출된다고 말한다. 앞서 기술했듯이, 맹자는 '유자입정'의 비유를 통해 인간 본성의 덕을 확인하고, 이러한 덕을 행할 때 인간 존재가 실현된다고 말했다. 그런데 여기서 우리가 주목할 것은 칸트가 말하는, 의무 외의 자연적인 성향에 관한 것이다. 즉 칸트가 말하는 '자연적인 성향들'은 유교적으로 달리 말해 이로움 혹은 "이로움을 추구하는 마음利欲之心"이라고 할 수 있다. 요컨대 유교가 군자와 소인을 본성의 덕을 지향하는가 아니면 이로움을 지향하는가에 따라 나누고 있다면, 칸트는 정언명법에 따른 의무를 지향하는가 아니면 자연적 성향들을 지향하는가에 따라 도덕적·이성적 존재와 그렇지 못한 존재를 구별하고 있다.

앞서 지적했듯이, 소인의 행위 동기인 '이利'는 벼를 베어 수확하는 데서 나오는 이익 혹은 유익이라는 기본적인 의미에서 출발해 인간 생활에 필요한 생산물 등을 소유하고자 하는 사적인 욕망의 개념으로 정립되었다. 결국 과정의 적합성을 의미하는 '동기적인 의義'와 대립되는 의미로 쓰인 소리小利, 사리私利, 이기利己, 즉 '이기적인 욕망利己之欲'을 말한다.[77] 그런 까닭에 공자는 이에 대해서는 말하기를 자제하거나[78] "이익에 의거하여 행동하면 원망이 많아진다"[79]고 하여, 행위의 동기로서 오로지 이익만을 지향하는 일의 폐해를 지적했다. 이를 계승하여 맹자는 이른바 '의리지변義利之辨'을 전개했다.

> 닭이 울면 일어나서 부지런히 선을 행하는 자는 순임금의 무리이며, 닭이 울면 일어나서 부지런히 이익을 위해 일하는 자는 도척의 무리다. 순임금과 도척의 구분을 알고자 한다면 다른 것이 없다. 이익과 선함의 차이일 따름이다.[80]

여기서 맹자는 이 개념을 선善 개념과 대립시키고 있다. 즉 순임금을 따르는 무리는 선 그 자체를 위해 움직이지만, 도척의 무리는 부지런히 이익을 추구한다는 것이다. 맹자 또한 행위의 동기를 선한 의에 두느냐, 아니면 결과적인 이익에 두느냐에 따라 성인의 무리와 도둑의 무리를 구분하고 있다. 여기서 선(좋음)에 대해 살펴보자.

선이란 일반적으로 악惡과 상대되는 개념으로 도덕 실천에서의 가치를 나타내는 개념이다. 선은 1)길한 말이 선하기 때문에 '두 개의 언言言'을 따른 것이며, 2)의義나 미美같이 양羊을 따랐다. 양은 길상吉祥한 것이기 때문에 선, 의, 미는 동일한 의미를 지닌다고 할 수 있다.[81] 혹은 양은 '양의 머리를 쓴 절대자羊人爲美'를 상징한다고 할 수 있다. "두 개의 언"은 원고와 피고로서 소송 때 원고와 피고가 각자의 주장을 펼치는 것이다. 『설문해자』에서는 "선이란 길한 것이다. 두 개의 언과 양羊이 합쳐진 것으로 의, 미와 뜻이 같다"고 말한다. 즉 선에서 1)두 개의 언은 서로 논쟁한다는 의미이고, 양은 죄인을 심판할 때 쓰던 양으로 서로 논쟁하는 두 사람 사이에서 각각의 주장에 대해 시비곡직을 신을 대신하여 심판하는 것을 말한다.[82] 어쨌든 선이란 길한 것으로 의롭고 아름다운 것이라는 의미를 함께 지닌다고 할 수 있다. 서양 철학에서도 선은 모든 존재, 특히 이성적·윤리적 존재인 인간이 추구해야 할 것으로 여겨져왔다. 그러므로 서양 윤리학의 최고 고전인 아리스토텔레스의 『니코마코스 윤리학』은 "모든 기예와 탐구, 모든 행위와 선택 또한 어떤 선(좋음)을 목표로 하고 있는 것으로 생각된다. 그렇기 때문에 사람들은 선을 모든 것이 추구하는 것이라고 옳게 규정해왔다"[83]는 언명으로 시작했던 것이다.

　이러한 맥락과 부합되게 맹자 또한 선이란 "가치상 추구할 만한 것이면서 인간이 지니고 태어난 것"[84]이라고 말했다. 여기서 추구할 만한 가치이며 인간이 지니고 태어난 것은 다름 아닌 인의예지로 대표되는 인간 본성의 덕이다. 이는 곧 후대의 성리학적인 말로 해석하면, 순임금의 무리가 추구하는 선이란 '천리의 공의로움天理之公'이라고 할 수 있고, 도척의 무리가 추구하는 것은 '인욕의 사사로움人欲之私'이라고 할 수 있다. 그래서 정자는 선과 이의 차이는 공의로움과 사사로움의 차이라고 해석하고 있다.[85] 결국 순임금의 무리를 군자에, 도척의 무리를 소인에 비유할 수 있다면, 이 구절 또한 공자가 말하고 있는 "군자는 의에 밝고, 소인은 이에 밝다"는 구절과 상통한다고 할 수 있다. 그런데 맹자의 이 언명처럼 이가 선에 대립하는 것이라면, 이는 곧 불선의 뜻이 된다. 이러한 맹자의 '의로움과 이로움의 변별義利之辨'에서 우리는 엄숙주의의 경향을 찾아볼 수 있다. 맹자의 이러한 경향은 후대 성명性命과 의리義理를 가장 중요한 것으로 여기는 학파(성리학)로 전승되었다. 그리하여 성리학의 용어를 정연하게 해석해놓은 『성리자의性理字義』에서는 '의리義利' 개념을 다음과 같이 풀고 있다.

의義와 이利는 상대적인 것이지만, 실상은 상반되는 것이다. 의에서 벗어나면 바로 이로 들어간다. (…) 글의 뜻으로 말하자면, 의는 천리의 마땅한 것이고, 이는 인간 감정이 욕망하는 것이다. 욕망한다는 것은 소유하기를 바라는 것이다. (…) 천리의 마땅한 것은 공公이고, 사람의 감정이 욕망하는 것이 사私다. 예를 들면 재화, 이름과 지위, 작록 등은 이利의 찌꺼기다. (…) 명성을 바라는 것, 결과를 기대하는 것, 자신의 취향대로 행하는 것, 외부적인 것을 떠받드는 마음도 모두 이다. 그런데 재물, 이름과 지위, 작록 등은 그 자체로 바로 이라고 간주하기는 어렵다. 그것들은 단지 하나의 사물로 봐야 한다. 하지만 사람들은 이것들 때문에 이에 빠지기 쉽다. (…) 배우는 사람 입장에서 논하면, 재물 같은 것은 사람이 살아가는 데 기본적으로 빠뜨릴 수 없는 것이다. 도모할 것을 도모하고 취할 것을 취하는 것은 의義다. 교묘한 속임수 같은 그릇된 방법을 통해 도모하지 말아야 할 것을 도모하고, 취하지 말아야 할 것을 취하는 것이 이다. 어떤 사람들은 이미 쓸 것이 충분한데도 그 이상의 부를 도모하는 데 지나치게 마음을 쓴다. 이것은 물론 이다. (…) 만약 이름이나 지위, 작록 등을 바른 방법을 통해 얻고 사사로운 뜻을 품은 계산에 따라 얻지 않았다면 이것은 곧 의다.[86]

소유의 욕망, 이란 무엇인가

이렇게 성리학에서는 의와 이를 대립되는 것으로 설정하고 있는데, 여기에는 성리학적 우주론과 인간관을 형성하는 이기理氣 및 천리-인욕의 구분이 도사리고 있다. '천리의 공평함'으로부터 부여받은 고유 본성에 부합하게 인간이 마땅히 행해야 할 것이 의로움이라면, 형기의 신체를 지니고 태어난 인간이 사사로운 욕망에서 감발하여 소유하고자 과도한 욕심을 내는 것이 바로 이利다. 이렇게 유가는 '무엇을 어떤 의도에서 행해야 하는가?'라는 도덕 행위의 동기를 다룰 때에는 '마땅함으로서의 공적인 옳음'과 '사적인 욕망에서 유래하는 이익'을 대립시켰다. 행위 동기의 측면에서 옳음과 이익을 대립시키고, 옳음에 따라야 함을 주장한다. 이 옳음과 이익이란 인간 본성의 당위적 행위를 지향하는가, 아니면 사적 욕망을 충족시키기 위해 과잉될 것인가 하는 것의 대립이다. 곧 의리지심義理之心과 이욕지심利欲之心의 대립이라고 할 수 있다.

그렇다면 맹자는 왜 이렇게 이욕지심 그 자체가 불선인 듯 비판한 것일까? 앞서 공자는 "이를 보면 의를 생각한다見利思義" "작은 이익을 보려고 하면 큰일을 이루지 못한다"고 말하거나, 혹은 "이에 근거를 두고 행할 때 원망이 많아진다"고 말하여 이를 추구하는 것에 따른 부정적 귀결을 제시했지만, 그것이 불선이라고 말하지는 않았다. 한편 맹자는 한 걸음 더 나아가 이익만을 추구할 때 뒤따르는 귀결을 다소 극단적으로 비판한다. 이는 맹자와 양혜왕의 대화에 잘 나타나 있다.

양혜왕이 말하였다. "어른께서는 천 리를 멀다 하지 않고 오셨으니 장차 어떻게 이 나라를 이롭게 하시겠습니까?" 이에 맹자가 말하였다. "왕께서는 하필이면 이로움을 말씀하십니까? 또한 인의仁義가 있을 따름입니다. 왕께서 어떻게 하여 나의 나라를 이롭게 할까 하시면, 대부들은 어떻게 하여 우리 집안을 이롭게 할까 하며, 선비와 서인들은 어떻게 하면 자기 자신을 이롭게 할까 합니다. 윗사람과 아랫사람이 서로 이로움을 취하면 나라가 위태로워질 것입니다. 만승의 나라에서 그 군주를 시해할 자는 반드시 천승의 집안이며, 천승의 나라에서 그 군주를 시해할 자는 반드시 백승의 집안이니, 만승의 나라를 천승의 집안이 취하고, 천승의 나라를 백승의 집안이 취한 경우는 결코 드물지 않습니다. 그러나 진실로 의로움을 뒤로하고 이로움을 우선으로 여긴다면 전부 다 빼앗지 않고는 만족하지 못할 것입니다. 어질면서 그 부모를 버리는 자는 없으며, 의로우면서 그 임금을 뒤로하는 자는 없습니다."[87]

'이利'를 행위 동기로 삼을 때 초래되는 결과에 대한 비판은 비교적 간단하다. 만인이 모두 자기 이익만을 지킬 때에는 만인에 의한 만인의 투쟁이 일어나 자기 자신, 가정, 가문, 국가, 천하가 모두 위태롭다는 것이다. 따라서 맹자는 인간 본성에 바탕을 두고 마땅히 행해야 할 도리를 다할 때 오히려 개인과 전체의 이익이 극대화된다는 입장을 피력하고 있다. 바로 이런 이유에서 주자는 "인의는 사람 마음의 고유한 것에 근본을 둔 천리의 공의로움이고, 이익을 바라는 마음은 나와 남의 상호 대립에서 생긴 인욕의 사사로움이다. 천리를 따르면 이익을 구하지 않아도 이롭지 않음이 없고, 인욕을 따르면 이익을 구하고도 얻지 못하며 이미 손해가 따른다"[88]고

소유의 욕망, 이란 무엇인가

주석한 것이다. 여기서 맹자는 『대학』의 이른바 "덕은 근본이고, 재화는 말단이다德本財末"라는 입장을 취하고 있다.

군자가 먼저 덕에 삼간다. 덕이 있으면 곧 사람이 있고, 사람이 있으면 곧 땅이 있으며, 땅이 있으면 곧 재물이 있고, 재물이 있으면 곧 쓰임이 있다. 덕은 근본이고 재물이 끝이다. 근본을 도외시하고 말단을 숭상하면, 백성을 다투게 하여 서로 뺏는 가르침을 베푸는 것이다. 이런 까닭에 재물이 소수 몇몇에게 집중되면 백성이 흩어지고, 재물이 골고루 나누어지면 백성은 모인다.[89]

즉 치자가 '덕본재말德本財末'의 입장에서 다스리면, 마치 뿌리 깊은 나무가 가지, 줄기, 열매가 무성한 것과 마찬가지로 오히려 나라가 흥륭한다는 입장이 드러나 있다. 이러한 '덕본재말'은 "국가는 이로움으로써 이로움을 삼지 않고, 의로움으로써 진정한 이로움을 삼는다國不以利爲利 以義爲利也"는 입장으로 귀결된다. 그리하여 『대학』에서는 다음과 같이 말했다.

"말을 기르고 수레를 타는 이는 닭과 돼지를 살피지 않고, 얼음을 채벌해서 쓰는 집안은 소와 염소를 기르지 않으며, 백승의 집안은 취렴하는 신하를 두지 않으니, 취렴하는 신하를 두느니 차라리 도둑질하는 신하를 둔다"고 했다. 이는 곧 "국가는 이로움으로써 이로움을 삼지 않고, 의로움으로써 이로움을 삼는다"는 것을 말한다. 국가의 어른이 되어 재물을 모아 쓰는 데에 힘쓰는 자는 반드시 소인으로부터 비롯된다. 소인으로 하여금 국가를 다스리게 하면 재해가 함께 올 것이다. 비록 선한 사람이 있다고 할지라도 또한 어떻게 할 수 없을 것이니, 이를 일러 "국가는 이로움으로써 이로움을 삼지 않고, 의로움으로써 이로움을 삼는다"고 하는 것이다.[90]

"이로움으로써 이로움을 삼지 않고, 의로움으로써 진정한 이로움을 삼는다"는 내용은 앞서 인용한 『주역』의 "이로움이란 의리의 화합함이다"라는 말과 같은 의미다. 곧 모두가 마땅히 행해야 할 의로움을 따를 때 오히려 모두가 만족할 결과가 주어진다는 것이다.

그런데 여기서 이의 의미를 세분화시킬 필요가 있다. 소리, 사리, 이기라고 말할 때의 이와 대리, 공리, 이타, 복리라고 할 때의 이를 구별할 필요가 있다. 먼저 이와 관련한 장다이녠의 말을 살펴보자.

이른바 이로움은 사람에게 필요한 것을 충족시켜 생활을 유지하고 증진시킬 수 있는 것이다. 그러나 이로움에는 전체적인 이로움과 개인적인 이로움의 구별이 있다. 한 사람의 생활에 필요한 것을 겨우 충족시킬 수 있고, 또한 인류사회의 생활에 손해가 되는 것은 개인적인 이로움이라고 한다. 많은 사람의 생활에 필요한 것을 충족시킬 수 있는 것은 전체적인 이로움이라고 한다. 묵가가 말하는 이로움은 대체로 전체적인 이로움을 뜻하고, 유가가 반대한 이로움은 대개 개인적인 이로움을 뜻한다. 유가는 전체적인 이로움에 결코 반대하지 않았지만 또한 전체적인 이로움을 주장하지도 않았으며, 그들이 중요시한 것은 여전히 사람

소유의 욕망, 이란 무엇인가

이 사람답게 되는 조건을 발휘하는 것에 있었다.[91]

여기서 우리는 이로움에서는 개인적인 것과 전체적인 것의 구별이 있으며, 공리주의자로서 묵가는 전체적인 이로움을 극대화할 것을 주장했고, 유가는 사사로운 이익에 반대했다는 주장을 받아들일 수 있다. 나아가 의무의 윤리학을 주창하는 유가는 인간 본성의 덕에서 유래하는 도리를 중시했다고 할 수 있다. 그런데 "유가는 전체적인 이로움을 반대하지 않았지만 또한 주장하지도 않았다"는 말에 대해서는 신중을 기할 필요가 있다. 왜냐하면 다스리는 사람이 '덕본재말'의 정치를 행하면, 최대의 이로움이 간출된다고 말하고 있기 때문이다. 즉 유교는 진정한 "이로움이란 의로움이 조화를 이룬 상태利 義之和也"에서 나오는 최적의 결과라고 말하고 있다는 것이다. 나아가 유가는 언제나 국민 전체의 이익에 기반하여 정책을 실행하라고 말한다. 앞서 살펴보았듯이 유가에서는 인간 행위의 동기에서 '의'와 '이'를 대립시키면서, 사사로운 이기적 욕망을 극복하고 공의를 위하는 마음에 따르라고 했다. 이런 마음을 따를 때 순조롭게 조화를 이뤄 최대·최적의 이로움이 나온다는 것이다. 즉 유가는 소리(사욕)와 공리(대리)를 구분하고 모든 백성에게 이익을 가져다주는 공리 지향 정책을 시행하라고 말한다. 여기서 공리란 1)의를 먼저 실현했을 때 공평하게 분배되어 조화로운 상태이거나, 2)이용후생에서 볼 수 있듯이, 여러 기물과 유통 수단 등을 편하고 이롭게 활용해 의식주 등의 재물을 풍부하게 함으로써 인간다운 삶을 실현하는 것이다. 유가는 치도治道 혹은 경세 이념과 관련해서는 적극적인 공리 혹은 민리民利를 주장하고 있다.

먼저 공자가 말하는 작은 이익과 큰 이익의 구별, 나아가 '백성의 이로움'을 적극적으로 주장하는 대목을 살펴보자.

자하가 거보의 읍재가 되어 정치를 묻자, 공자께서 말씀하셨다. "속히 하려고 하지 말고, 작은 이익에 집착하지 말아야 한다. 빨리 하려고 하면 제대로 되지 못하고, 작은 이익에 집착하면 큰일이 이루어지지 않는다."[92]

자장이 공자께 여쭈었다. "어떻게 해야 정사에 종사할 수 있습니까?" 공자께서 말씀하셨다. "'다섯 가지 아름다움'을 높이고 '네 가지 악'을 물리치면 정치에 종사할 수 있다." 자장이 여쭈었다. "무엇을 일러 다섯 가지 아름다움이라고 말합니까?" 공자께서 말씀하셨다. "은혜롭고 낭비하지 않으며 (…) 백성이 이롭게 여기는 것에 근거하여 이롭게 해주니, 이 또한 은혜롭고 낭비하지 않는 것이 아니겠는가?"[93]

이렇게 공자는 정치에 종사하는 자는 자신의 사사로운 작은 이익에 집착하지 말고, 백성 즉 사회 전체의 공리에 따라 정치할 것을 역설한다. 즉 군자가 자기 행위의 원칙을 정함에 있어서는 '의'에 따라야 하는데, 정치를 하는 군주의 '의'란 다름 아닌 '백성 전체의 이익因民之所利'이 되는 것이 무엇인지를 고려하여 그것을 시행하는 것이라는 얘기다. '경제經濟' 곧 '세상을 경영하여 백성을 구제한다經世濟民'는 말이 시사하듯이, 유가는 '백성의 구제'를 경세의 목표로 삼으면서 민본주의를 주장하고 있다.[94] 유교의 민본주의에 기반한 경세 혹은 치도의 이념은 다음과 같은 우임금의 유훈에서 비롯되었다.

> 백성은 친근近해야 하지 아래下라고 할 수는 없다. 백성만이 나라의 근본이니, 백성이 견고해야 나라가 평안하다.[95]

바로 이러한 민본주의에 입각한 경세제민의 관점은 '천하를 다스리는 가장 중요한 방도平天下之要道'인 '혈구지도絜矩之道'에 기반해 있다. 그래서 『대학』에서는 다음과 같이 말한다.

> 이른바 평천하는 그 나라를 다스림에 있다고 하는 것은 윗사람이 늙은 이를 늙은이로 모시니 백성이 효를 떨치고, 윗사람이 어른을 어른으로 대우하니 백성이 공손함을 일으키고, 윗사람이 고아를 구휼하니 백성이 배반하지 않는다. 그러므로 군자에게는 '혈구의 도'가 있다. 윗사람이 싫은 것으로 아랫사람을 부리지 말고, 아랫사람이 싫은 것으로 윗사람을 섬기지 말 것이니 (…) 이것을 혈구의 도라고 한다.[96]

이 '혈구의 도'는 바로 『논어』에 제시된 인仁을 실행하는 방법으로 "자기가 하고자 하지 않는 바를 남에게 베풀지 말고" "자기가 서고자 하면 남도 세워주고, 자기가 통달하고자 하면 남도 통달하게 해주는"[97] '추기급인推己及人'의 '서恕'다.[98] 여기서 서와 '혈구지도는 1)보편화, 2)동등함을 고려하는 공평성, 3)타인의 이익을 나의 이익으로 간주하는 공리주의의 원리를 함축하는 중요한 정치 이념이다.[99] 바로 이러한 상호성의 원리에 입각해 맹자는 군주들에게 여러 차례 "백성과 함께 슬길 것與民偕樂, 與民同樂, 與白姓同之, 與百姓同樂"[100]을 권고하고, 다음과 같이 말한다.

천하를 얻는 데에는 방법이 있으니 그 백성을 얻으면 그 천하를 얻을 수 있다. 그 백성을 얻는 데 방법이 있으니, 그 마음을 얻으면 그 백성을 얻을 수 있다. 백성의 마음을 얻는 데 방법이 있으니 원하는 것을 줘서 모이게 하고, 싫어하는 바를 베풀지 않는 것이다.[101]

요컨대 군자는 '중中'으로 자기 정립을 이루고(충忠), 이를 미루어 남에게 나아가 인을 실천하는 자다. '자기 정립을 통해 남에게 미루어 나아가는 것(추기급인)'을 '혈구지도'라 한다. 그런데 백성의 이익을 자신의 이익으로 간주하고 백성이 원하는 것을 줘서 모이게 하며, 싫어하는 바를 베풀지 않는 정치는 어떤 순서로 시행되어야 하는 것일까? 이는 다음 구절에 잘 나타나 있다.

자공이 정치를 묻자 공자께서 말씀하셨다. "충분히 먹도록 해주고足食, 국방을 튼튼히 하면足兵, 백성으로부터 신뢰를 받는다民信之." 자공이 말했다. 부득이하여 버린다면, 이 세 가지 중에 무엇을 먼저 버려야 합니까?" 공자께서 말씀하셨다. "군대를 버려야 한다." 자공이 말했다. "부득이하여 버린다면 나머지 두 가지 중에 무엇을 먼저 버려야 합니까?" 공자께서 말씀하셨다. "양식을 버려야 하니, 예로부터 사람은 모두 죽거니와 백성이 신뢰하지 않으면 국가가 설 수 없느니라."[102]

여기서 주목할 것은 공자는 위정자가 시행해야 할 정책 순위로 1)백성에게 물질적인 이로움을 충분히 주고, 2)군대를 강건하게 하여 국방을 유지하고, 3)궁극적으로는 백성의 신뢰를 받으라고 했다는 것이다. 이에 대해 주자는 "(백성의) 창고가 차 있고 군무가 갖춰지고 닦인 후에 교화가 행해져 백성이 위정자를 신뢰하여 이반하지 않는 것이다. (…) 사람의 실정으로 말하면 양식과 군대가 충분한 이후에 나의 믿음이 백성으로부터 신뢰를 받을 수 있는 것이며, 백성의 덕으로 말하자면, 믿음이란 인간의 고유한 것으로 군대와 양식이 (믿음에) 앞설 수 없다"[103]고 주석했다. 즉 공자가 생각한 정부의 궁극적인 목표는 모든 백성이 '인간다운 삶을 영위하는 지선至善의 공동체'다. 그런데 이를 세우기 위해서는 먼저 의식주를 풍족하게 하여 물질적인 이로움을 베풀고, 국방을 튼튼히 하여 보호하고, 최종적으로 교화를 통해 신뢰 정치를 구현해야 한다. 이중에서 부득이 버려야 할 것이 있다면, 우선 군사력을 버리고, 나아가 의식을 풍족하게 해주지 못하는 일이 있더라도 백성의 인간다운 삶을 보장하여 신뢰를 받는 정치를 행해야 한다는 목표만은 버릴 수 없다는 것이다. 정치에 대한 공자의 이런 의도는 "먼저 부유하게 한 다음 교육시켜야 한다"는 말에 잘 나타나 있다.

공자께서 위나라에 가실 때 염유가 수레를 몰았다. 공자께서 말씀하셨다. "인구가 많구나!" 염유가 말했다. "이미 인구가 많다면 또 무엇을 더해야 합니까?" 공자께서 말씀하셨다. "부유해야 한다." 염유가 말하였다. "이미 부유해지면 또 무엇을 더해야 합니까?" 공자께서 말씀하셨다. "가르쳐야 한다."[104]

이 구절에 대해 주자는 "백성이 많기만 하고 부유하지 못하면 민생이 이뤄지지 못하므로, 토지와 주택을 마련해주고 세금을 가볍게 해 부유하게 한다. 이미 부유하기만 하고 가르치지 않으면 금수에 가까워진다. 그러므로 반드시 학교를 세워 예의를 밝혀 가르쳐야 한다"[105]고 정당하게 해설하고 있다. 바로 이 점을 계승한 것이 맹자의 왕도정치 이념이었다. 왕도정치를 주창한 맹자는 백성의 주거를 안정시켜 보호 양육하고(보민, 양생), 학교에서 효제를 가르쳐(교민효제教民孝悌) 인간다운 삶을 영위할 것을 역설했다. 즉 맹자는 생계를 위한 "물질적 이로움이 충족되지 않으면無恒産" 인간다운 삶을 영위할 수 없다고 판단하고, 물질적 이로움을 충족시켜주는 바탕 위에서 왕도정치가 시작된다고 역설한다.

백성에게 안정된 생업이 없으면 안정된 마음이 있을 수 없다. (…) 이런 까닭으로 밝은 군주는 백성의 생업을 제정해주고 반드시 위로는 부모를 섬기기에 충분하도록 하고, 아래로는 처자를 양육하기에 충분하게 하여, 풍년에는 내내 배부르도록 하고, 흉년에는 죽음을 면하도록 했다. 그런 다음 백성을 선하게 만들었으니 그런 까닭에 백성이 따르게 하기가 쉬웠다.[106]

요컨대 맹자에 따르면, "도에 뜻을 둔 선비는 항산恒産이 없어도 항심을

소유의 욕망, 이란 무엇인가

지닐 수 있지만, 일반 백성은 그럴 수 없기 때문에 항산을 주지 않고 법을 적용하여 처벌하는 것은 백성을 그물로 잡는 것과 다를 바 없다."[107] 그런데 맹자가 말하는 보민과 양민을 위한 물질적인 이로움의 수준은 "반드시 우러러 부모를 섬기는 데 족하게 하고 아래로는 처자를 기르는 데 족하게 하며, 풍년에는 종신토록 배부르게 하고 아무리 흉년이 들더라도 최소한 죽을 지경까지는 이르지 않는"[108] 정도가 되어야 한다.[109] 그렇더라도 맹자는 궁극적으로 "선한 정치善政는 선한 가르침善敎이 민심을 얻는 것만 못하다. 선한 정치는 백성이 두려워하고, 선한 가르침은 백성이 사랑하니, 선한 정치는 백성의 재물을 얻고, 선한 가르침은 민심을 얻는다"[110]고 말하여, 법제와 금령을 수단으로 하는 선한 정치보다 자율적인 배움과 실천을 위주로 하는 선한 가르침을 우위에 두었다. 왜냐하면 인간은 이러한 가르침을 체득하여 다양한 인간관계에서 인륜人倫의 이념을 구현할 때 진정한 인간이 되기 때문이다.

다섯 묘의 택지에 뽕나무를 심으면 쉰 살이 넘은 노인들이 비단옷을 입을 수 있다. 닭, 돼지, 개 등을 기르며 새끼 칠 때를 놓치지 않으면 일흔의 노인이 고기를 먹을 수 있다. 100묘의 논을 경작하면서 농사철을 놓치지 않는다면 여러 가구가 굶주리지 않을 수 있다. 상서庠序의 가르침을 삼가서 효제의 의리로 거듭 펼치면 반백의 노인이 도로에서 짐을 이거나 지고 다니지 않는다. 일흔의 노인이 비단 옷을 입고 고기를 먹으며, 일반 백성이 굶주리거나 춥지 않게 한다면, 그렇게 하고도 왕도정치를 펼치지 못할 자는 없다.[111]

후직이 백성에게 농사짓는 법을 가르침으로써 오곡이 무르익어 백성을 기를 수 있게 되었다. 그런데 사람에게 [살아갈] 방도가 있게 되었지만 배부르고 따뜻해도 가르치지 않아 금수에 가까운 상태가 되었다. 이리하여 성인이 그것을 걱정하여 설契로 하여금 인륜을 가르치게 했다. "부모와 자식은 친함이 있고父子有親, 임금과 신하는 의리가 있고君臣有義, 부부간에는 구별이 있고夫婦有別, 어른과 어린이 사이에는 서열이 있고長幼有序, 벗들 간에는 믿음이 있다朋友有信"는 것이 그것이다.[112]

일찍이 맹자는 "사람이 금수와 다른 점은 드물다. 사람들은 이 다른 점을 버리지만, 군자는 보존한다"[113]고 말했다. 여기서 말하는 사람이 금수와 다른 것은 바로 '인의예지'의 본성(혹은 사단四端)이라고 할 수 있다. 그런데 이러한 사덕 혹은 사단은 인간이 관계적 존재인 한, 다양한 인간관계에서 실현되어야 한다. 그런데 인간과 인간이 만나는 관계에는 동물적인 힘의 논리가 아니라, 구현해야 할 인륜적 질서와 이념이 있다. 이른바 '인륜人倫'이란 글자 그대로 사람이 사회를 구성하고(倫=人+侖: 사람의 모음=차례와 질서) 삶을 영위할 때 구현해야 할 이념과 이치倫理를 말한다. 사람이 처할 수 있는 관계와 질서는 수없이 다양하겠지만, 맹자는 우선 다섯 가지로 압축하여 제시한다. 부모와 자식父子, 임금과 신하君臣, 부부夫婦, 장유長幼, 붕우朋友의 관계다. 그런데 이러한 관계에는 고유한 덕목(父子: 親, 君臣: 義, 夫婦: 別, 長幼: 序, 朋友: 信)이 필연적으로 요구되며 그것을 실천함으로써 인간으로서의 역할을 다할 수 있다. 맹자의 '오륜론五倫論'은 바로 정치

소유의 욕망, 이란 무엇인가

의 본령을 바르게 하는 데 있다.[114] "군주는 군주답고, 신하는 신하답고, 부모는 부모답고, 자식은 자식다워야 한다"[115]고 주장한 공자의 '정명' 사상을 논리적으로 확장한 것이다. 이렇게 유교는 정치로 의식주를 풍족하게 해준 다음에 학교를 세워 가르침을 베풀고(선리후교先利後教) 백성이 인간의 완성을 이뤄 지극한 공동체를 건립하고자 했다. 즉 유교는 위정자가 정책을 시행함에 있어서는 백성에게 물질적인 이로움을 먼저 베푼 다음 교육을 통해 인의예지의 덕을 구현하여 자기완성을 이루고자 했던 것이다.

3. 유교적 이의 평가

유가에서는 행위의 준칙을 설정할 때 의와 이를 명확히 분별하고, 오직 의에 따라야 한다고 주장했다. 또한 정치를 논하면서 유가는 이를 소리小利와 공리公利로 나누며, 현실적 이익을 소리라 하고 백성의 이익을 공리로 여겨 백성의 공리를 위해 헌신하는 것이 군주의 의로움이라고 말했다. 즉 국가의 진정한 이익이란 군주가 백성의 이익을 자기 이익으로 여기는 의를 먼저 실현했을 때 그 조화로서 최대의 이로움이 이뤄진다고 말했다. 나아가 유가는 백성의 부모로서 공적 업무를 수행하는 위정자가 정책을 시행할 때는 먼저 백성의 물질적인 이로움民利을 고려하여, 물질적인 조건을 충족시킨 이후에 교육을 통해 인간의 자기실현이 가능하도록 해야 한다고 역설했다. 이러한 유가의 입장은 이미 우임금 때 정덕正德-이용利用-후생厚生의 강령을 제시해 경세의 목표를 제민濟民에 두는 민본주의를 표방하는 것에서부터 나타났다. 그리고 공자와 맹자는 정책에서는 먼저 백성의 의식주를 풍족하게 하여 물질적인 이로움의 조건을 충족시킨

다음 국방을 튼튼히 하고 외침으로부터 백성을 보호하고, 궁극적으로 학교를 세워 인륜의 이념을 가르쳐 모든 백성이 인간다운 삶을 영위하도록 해야 한다고 주장했다.

이제 이러한 논의를 보완하고, 그 현대적 의의를 짚어보자.

여기서 '이利'라는 말을 행위의 결과물로서 이익 혹은 이재利財, 나아가 부귀공명富貴功名으로 간주하여, 이것이 1)의로움과 대립하여 부정한 방식으로 취득되는 경우, 2)의로움을 지니고 정당하게 취득되는 경우, 3)부당하게 상실할 경우 등을 살펴볼 수 있다. 그리고 4)의로움과 결부시키지 않고 이익과 이재, 부귀공명 자체를 어떻게 보는가 하는 것이 있을 수 있다.

유교는 흔히 생각하는 것처럼 이재 혹은 부귀공명 그 자체를 나쁘다고 보지는 않았다. 다만 부당하고 과도하게 취하는 것을 비판할 따름이다. 따라서 도덕적 당위성에 입각하여 행동하는 군자는 오직 '의'에 따라야 하기 때문에, "이로움을 보면 의로움을 생각하라"[116]고 말했다. 왜냐하면 (공자가 말하고 있듯이) "이익에 근거를 두고 행하면 원망이 많아지며"[117], (맹자가 경고하고 있듯이) "실로 의를 뒤로하고 이를 우선으로 취할 경우, 빼앗지 않으면 만족하지 못하는"[118] 상태에 처하기 때문이다. 나아가 이러한 '선의후리先義後利'의 입장은 또한 "의리義理에 합당하는 이재와 부귀는 취하는 것이 옳다"는 적극적인 주장을 도출케 하는 근거가 된다. '의義'를 동반하여 정당하게 '이'를 얻으면 유가 또한 당연히 이를 인정한다는 것을 알 수 있다.

그렇다면 여기서 4)의 경우, 즉 의로움과 결부시키지 말고 이재와 부귀공명 자체를 유가가 어떻게 보았는지 살펴보자. 공자는 모든 사람이 욕구하는 '부유함'에 대해 다음과 같이 말하고 있다.

공자께서 말씀하셨다. "만일 부유함을 구하여 얻을 수 있다면 비록 채찍을 잡는 노릇이라도 나 또한 하겠지만, 만일 구하여 얻을 수 없는 것이라면 내가 좋아하는 것을 따를 것이다."[119]

여기서 우리는 공자가 물질적인 부유함 자체를 부정하지 않았음을 확인할 수 있다. 그렇지만 공자는 "가난하지만 아첨하지 않고, 부유하지만 교만하지 않으면 어떠합니까?"라는 질문에 다음과 같이 말하고 있다.

괜찮지만, 가난하면서도 즐거워하고, 부유하면서도 예를 좋아하는 사람만 못하다.[120]

공자는 물질적인 이익과 이재를 이루면 도덕적인 성취를 더해야 한다고 말했다. 이는 물질적 이익의 한계를 분명히 설정한 것이다. 그래서 『대학』에서는 "부유함은 가옥을 윤택하게 하지만, 덕은 자신을 윤택하게 하여 마음은 넓어지고 몸은 펴진다"[121]며 도덕을 우위에 두고 있다. 기실 공자와 맹자는 "삶과 죽음에는 명命이 있고, 부귀는 하늘에 달려 있다"[122]고 암시하여, 생사와 부귀 등에 대해 일종의 운명론적 입장을 취한다. 혹은 부귀란 올바른 도가 행해지지 않을 때는 부정한 방식으로 얻어지고, 올바른 도가 행해질 때는 사람의 덕의 정도에 비례해서 자연스럽게 주어지는 것이라고 생각했다.

소유의 욕망, 이란 무엇인가

공자께서 말씀하셨다. "돈독하게 믿고 배우기를 좋아하며, 죽음으로써 지키면서 도를 잘 실천해야 한다. 위태로운 나라에는 들어가지 않고, 어지러운 나라에는 기거하지 않으며, 천하에 도가 있으면 벼슬하고, 도가 없으면 숨는다. 나라에 도가 행해지는데도 가난하고 천한 것은 부끄러운 것이고, 나라에 도가 없을 때 부하고 귀한 것은 부끄러운 것이다."[123]

그랬기에 공자는 또한 "부유함과 귀함은 모든 사람이 욕망하는 것이지만 올바른 도를 얻는 것이 아니라면 그곳에 머물지 않고, 가난함과 천함은 모든 사람이 싫어하는 것이지만, 올바른 도로 얻은 것이 아니라도 버리지 않는다"[124]고 말했다. 이를 맹자는 "그러므로 선비는 궁해도 의를 잃지 않고, 영달해도 도를 떠나지 않는다"[125]고 풀이했다. 바로 이 점에서 유가는 3)의 부당하게 부귀공명을 잃었어도 되찾기 위해 일부러 힘쓰지 않는다고 주장한다. 즉 유가는 "의롭지 못한 부귀공명은 뜬구름과 같이 여기며"[126] 부귀하려고 하기보다는 오히려 '인간적인 도리의 실천'을 더 중시한다. 이에 대해 맹자는 순임금의 예를 들어 다음과 같이 부연 설명하고 있다.

천하의 선비가 좋아함은 사람들이 원하는 것이지만 족히 근심을 풀지 못하셨으며, 여색은 사람들이 원하는 것인데도 요임금의 두 딸로 아내 삼으셨지만 족히 근심을 풀지 못하셨고, 부유함은 사람들이 원하는 것이지만 부유함으로는 천하를 소유하셨으나 족히 근심을 풀지 못하셨고, 귀함은 사람들이 원하는 것이지만, 귀함으로는 천자가 되었으나 족

히 그 근심을 풀 만한 것이 없었다. 오직 부모에게 순종함으로써만 근심을 풀 수 있으셨다.[127]

나아가 유가는 세속의 현실적 부귀함이 가져다주는 상대적인 즐거움보다는 '학문의 즐거움' '교육의 즐거움' '뜻 맞는 친구와의 교류' '자기 정립과 수양'에서 오는 절대적인 즐거움을 중시했다.[128] 이른바 '안빈낙도安貧樂道'를 추구했다고 말할 수 있다.

거친 밥을 먹고 물을 마시고 팔을 베고 누웠어도 즐거움이 또한 그 가운데 있다. 의롭지 않은 부유함과 귀함은 나에게는 뜬구름과 같다.[129]

어질구나, 안회여! 한 그릇의 밥과 한 표주박의 음료로 누추한 시골에 사는구나. 다른 사람들은 그 근심을 [감당치] 못하거늘, 안회는 그 즐거움을 고치지 않았으니 어질구나, 안회여.[130]

행위의 동기 측면에서 볼 때 "군자는 오직 의로움만 추구한다"는 유가의 입장은 덕德과 재화의 관계에서 "덕은 근본이며, 재화는 근본에 뒤따르는 말단"이라는 형태로 나타난다. 이 점은 앞서 『대학』을 인용하며 짚어보았다.

둘째, 작은 개인적인 이익을 비판하고 공적인 이익의 극대화를 주장하는 유가는 또한 부의 편중을 비판하고, 신분에 따른 분업과 균등한 부의 분배를 강조했다. 『대학』에서 "재물이 소수 몇 사람에게 편중되면 백성이

소유의 욕망, 이란 무엇인가

흩어지고, 골고루 나뉘면 백성이 모여든다"고 했듯이, 공자는 다음과 같이 말하고 있다.

> 듣건대, "나라와 가문을 둔 자는 적은 것을 걱정하지 말고 고르지 못한 것을 걱정하며, 가난한 것을 걱정하지 말고 안정되지 못한 것을 걱정하라"고 한다. 대개 고르면 가난함이 없고, 조화를 이루면 적은 것이 없어지며, 안정되면 전복되지 않는다.[131]

또한 유교는 신분에 따른 균등한 분업을 강조하여 "수레를 타면서 말 네 필을 기르는 집은 닭과 돼지를 기르지 않고, 얼음을 쓰는 집은 소와 양을 기르지 않는다"[132]고 한바, 이는 오늘날 대기업과 중소기업 간의 협력관계 및 중소기업 고유 업종의 보호를 주장한 것에 비유할 수 있다. 나아가 맹자는 상품의 유통에서 매점매석을 통해 이익을 독차지하는 것을 다음과 같이 비판하고 있다.

> 사람이라면 누군들 부귀하고 싶지 않겠냐마는 홀로 부귀하면서 용단을 독점하는 이가 있다. 옛날에 시장에서 교역하는 자들이 자기가 가진 물건을 서로 바꾸면 담당 관리는 다스릴 뿐이었다. 그런데 천장부賤丈夫 한 사람이 있어 반드시 용단을 찾아 올라가서 좌우로 바라보면서 시장의 이익을 망라하자 사람들이 모두 천하게 여겼다. 따라서 그에게 세금을 징수했으니, 장사꾼에게 세금을 징수한 것은 이 천장부로부터 비롯되었다.[133]

나아가 유가는 "군자는 생활이 궁핍한 사람을 도와주고, 부유한 이에게 보태주지 않는다"[134] 혹은 "늙어 아내가 없는 사람을 홀아비鰥라 하고, 늙어 남편이 없는 사람을 과부寡라 하고, 늙어 자식이 없는 사람을 무의탁 노인獨이라 하고, 어린데도 부모가 없는 사람을 고아孤라고 합니다. 이 네 부류의 사람은 천하에서 가장 곤궁한 백성으로 호소할 데가 없는 자들입니다. 문왕이 정사를 펴고 인을 베풀 때 반드시 이 네 부류를 먼저 돌보았습니다"[135]라며 사회의 약소자 배려를 정책의 "최우선急先務"에 둬야 한다고 말했다.

다음으로 행위의 동기에서 의로움을 지향할 것을 주장하는 유가는 부당한 주군(악덕 기업주) 및 정부를 위해 일하지 말 것을 권고했다. 『논어』에서 공자는 말했다.

계씨가 주공보다 부유한데도 염구가 계씨를 위해 많은 세금을 거두어 부를 더해주었다. 공자께서 말씀하셨다. "(염구는) 우리 무리가 아니다. 소자들아, 북을 울려 그 죄를 성토하는 것이 옳다."[136]

맹자는 이 구절을 해석하여 "이것으로 미루어보건대, 군주가 인정仁政을 행하지 않는데 그 군주를 부유하게 하면 공자에게 버림을 받는 자다"[137]라고 말하고 있다. 그는 또한 당시의 정치하는 자를 향하여 "군주가 도를 지향하지 않아 인에 뜻을 두고 있지 않은데도 그를 위해 부를 구하니, 이는 걸왕을 부유하게 하는 것이다"[138]라고 비판하고 있다. 요컨대 유가는 의롭지 못한 주군과 정당성이 결여된 정부를 위해 일하는 자를 진정한 유자儒者가 아니라고 말하고 있다.

　지금까지 우리는 이재와 부귀 등에 대한 유가의 입장을 살펴보면서 그 관점이 지닌 특징을 요약했다. 오늘날 우리는 점점 첨단화되는 자본주의의 시대를 살아가고 있다. 유가는 오직 '인간이란 무엇인가?' 하는 것에 관심을 갖고, 인간과 금수의 차이에 주목하며 인간적인 본성의 보존과 실현에 최우선의 관심을 두었다. 그러하기에 유가는 재물을 그 수단으로 보았고, 당연한 귀결로 재물을 목적으로 삼아 이를 추구하는 데 몰두하는 이들을 비판했다. 그래서 "어진 사람은 재물로써 자신을 피어나게 하지만, 어질지 못한 사람은 자신을 희생시켜 재물을 모은다"[139]고 말한 것이다. 바로 여기서 '어질지 못한 사람'이란 오늘날 부귀영달을 갈구해 삶의 의미와 목적을 망각하고 살아가는 자라 하겠다. 이러한 삶을 살고 있는 우리에게 던져주는 맹자의 충고를 살피면서 논의를 마친다.

　제나라에 아내와 첩을 각각 한 명씩 둔 사람이 있었는데, 남편이 밖에 나가면 반드시 술과 고기를 배불리 먹은 뒤에 돌아오곤 했다. 아내가 남편에게 누구와 더불어 음식을 먹었는가 물었더니 모두 부귀한 사람이었다. 아내가 첩에게 말하기를 "남편이 외출하면 반드시 술과 고기를 배불리 드신 뒤에 돌아오는데 누구와 더불어 음식을 먹었는가를 물어보니, 모두 부귀한 사람이었다. 그런데도 일찍이 현달한 자가 찾아오는 일이 없으니, 내 장차 남편이 가는 곳을 엿보겠다" 하고는 아침 일찍 일어나 남편 가는 곳을 미행하여 따라가보니, 온 장안을 두루 배회하되, 더불어 서서 말하는 자는 없었다. 그는 마침내 동쪽 성곽의 제사하는 자에게 가서 남은 음식을 빌어먹고, 거기서 부족하면 또 돌아보고 딴 곳으로 가니, 이것이 술과 고기를 배불리 얻어먹는 방법이었다. 그 아내가 돌아와서 첩에게 말하기를, "남편이란 우러러 바라보면서 일생을 마쳐야 할 사람인데, 지금 이 모양이다" 하고는 첩과 더불어 남편을 원망하며 서로 뜰 가운데서 울고 있었는데, 남편은 그것을 알지 못하고는 의기양양하게 밖에서 들어와 처와 첩에게 교만하게 굴었다. **군자 입장에서 본다면, 지금 사람 중에 부귀와 영달을 구하는 자들은 그 처와 첩이 그 것을 보면 부끄러워하여 서로 울지 않을 자가 별로 없을 것이다.**[140]

현대사회의 지배적인 이데올로기인 자유주의는 독립된 '개인individual'을 실체로 여기는 개인실체론을 내세운다. 그들에게 사회는 이러한 개인들의 계약에 의해 구성된 것이다. 모든 가치는 실체로서 독립적이고 자율적인 개인에게서 나오며, 그 행위에 대해서는 궁극적으로 자기 자신만이 판단하고 책임진다. 그리고 개인의 '자유'는 생명 및 재산과 함께 기본 삼권으로 간주된다. 따라서 인격을 권리로 파악하고, 인간관계는 '권리의 거래'로 취급된다. 이렇게 재산을 자유 및 생명과 더불어 삼위일체로 파악한 다음, 신성불가침의 사유재산을 보호하기 위해 정부가 세워진다. 이러한 사회에서 국가란 개인들이 욕망 실현을 최대화·최적화하기 위한 하나의 방편이며 합의에 의해 구성한 '인조물'일 따름이다. 그런데 이러한 사회계약설은 개인의 독자성을 중시함으로써 결국 이기주의로 전락할 위험이 다분하다.

나아가 근현대의 기술 산업사회는 인간을 물질적 빈곤에서 해방시켰지만, 자연을 욕망하는 주체인 인간이 정복해야 할 수단으로 여겨 무차별적 자원 개발과 남용으로 인해 환경오염과 같은 현대적 병리 현상을 야기했다. 더욱이 처음에는 욕망을 실현하기 위한 수단이었던 과학기술이 인간의 의지와는 별개로 그 자체의 법칙에 따라 전개됨으로써 오히려 과학기술이 인간과 그 사회를 역지배하는 배리背理가 현대사회에 만연해 있다. 즉 기술사회에 있어 인간은 이제 인격이 아니라 행동과 기능에 의해 평가받으며, 나아가 인간의 행동과 기능은 기술사회의 전체적 체계에 의해 결정되기 때문에 인간은 이제 체계의 필요와 명령에 따라 움직이는 자동인형이나 기계가 되었다는 것이다. 앞서 말했듯이 자유주의에서 인격을 권리(소유권)로 파악하고, 인간관계를 권리의 거래로 여기며, 현대 기술 산업사회에서 인간은 사회 전체 체계에서 그 행동과 기능에 의해 평가받는다. 그러므로 이것이 바로 우리 사회의 현실이 아닐까 한다.

　이러한 자유주의적 인간관 및 기술 산업사회에서의 인간 실상을 비판하고 이를 극복(보완)할 대안으로서 동양의 유가적 인간에 대한 관점은 상당히 유용할 수 있다. 앞서 말했듯이 그 어느 학파보다도 인간에게 필수적으로 요구되는 덕목을 정립하기 위해 노력을 기울인 유가는 인간의 보편적인 덕을 '인仁'이라고 주장한다. 그리고 '仁'은 '二+人'로 파자해볼 수 있다는 점에서, 유가의 '인'이란 다름 아닌 관계적-공동체적-사회적 상황에서 나름의 도리를 다하는 것이라고 할 수 있다(정명正名). 이렇게 유가는 인간이란 처음부터 개인이 아닌 관계적 존재임을 전제한다. 그리고 맹자는 이러한 인이란 덕목이 인간의 타고난 본성임을 '어린아이가 우물에 빠지는 상황'을 설정해 증명했다. 이 증명에서 맹자는 '차마 하지 못하는 마음' '측은해하는 마음'이 인간 본성에서 무조건적이며 자발적으로 우러나온다는 사실을 통해 인간 본성이 '인仁'하다는 것을 제시했다. 여기서 우리는 인의 단서인 '측은지심' '불인인지심不忍人之心'이 나의 생존을 위한 것이 아니라 타인에 대한 동정심으로 발현된다는 점에서 인간이 유적이며 관계적인 존재임을 다시 한번 확인할 수 있다.

이렇게 유교적 인간이란 원리적으로 고립되거나 절연된 주체가 아니라, 다른 사람과 공동체적-유적 삶을 함께 영위하는 관계적 존재다仁也者 人. 그런 까닭에 인간은 자기 정립만으로 모든 문제를 해결할 수 있는 것이 아니며, 상호 승인과 적극적인 타자 정립親民이라는 과정을 겪는다. 공맹이 제시하는 상호 승인과 타자 정립에 작용하는 원리는 '서恕'다. '서'의 원리는 다음과 같이 표현된다.

공이 물었다. "종신토록 행해야 할 한마디 말이 있습니까?" 공자께서 대답하셨다. "서恕일 것이다. 자기가 욕망하지 않는 것을 남에게 베풀지 말아야 한다."

대저 인仁한 사람은 자기를 정립하고자 하면 남을 정립시켜주고, 자기가 통달하고자 하면 남을 통달시켜주는데, 능히 가까운 데서 비유를 취하면 인仁을 실천하는 방법이라고 할 수 있다.

이렇게 상호 인정의 원리인 서恕는 상대에게 위해를 가하지 않는 소극적인 방법 외에 상대방의 긍정적 욕구를 적극적으로 실현시켜주는 인의 실천이라고 할 수 있다. 그리고 이처럼 '역지사지易地思之(絜矩之道)'의 황금률은 '동등 고려equal consideration'와 '역전환성reversibility'을 함축한다. 동등 고려와 역전환성은 곧 보편화 가능성과 더불어 그 행위자가 목적적 존재임을 나타낸다. 따라서 서의 원리는 칸트 정언명법의 제1원리, 즉 '보편 법칙의 정식'인 "그대의 행위 준칙이 그대의 의지에 의해서 보편적인 자연 법칙이 되는 것처럼 행위하라"라는 언명, 그리고 목적 자체의 정식, 즉 "그대의 인격 및 모든 타인의 인격에서 인간성을 언제나 동시에 목적으로 대우하지, 결코 단순히 수단으로서 사용하지 않도록 행위하라"는 공평성의 원리 또한 함축하고 있다. 보편화가 가능하다는 것은 엄밀한 학적 객관적 윤리학이 성립될 수 있음을 말하고, 도덕 행위의 주체가 목적적 존재라는 것은 도덕성의 근거 정립을 가능케 해준다. 그런데 '서'의 원리에 대해서는 칸트가 제기한 비판이 시사하는 바가 있다. 칸트는『도덕형이상학의 정초』에서 "내가 원하지 않는 바를 남에게 베풀지 말라"는 방식으로 표현되는 도덕률은 다음과 같은 난점을 지니고 있다고 지적한다. 즉 황금률은 1)자기 자신에 대한 의무를 강제하지 않으며, 2)타인에 대한 사랑의 의무를 강제하지 않고, 나아가 3)상호간의 책무를 강제하지 않는데, 가령 범죄자가 재판관에게 "당신이 감옥에 가고 싶지 않다면 나를 감옥에 보내지 말아야 한다"는 주장을 용인할 수 있다는 것이다. 그런데 충忠(中+心: 중中에 의한 자기 정립)이 전제되지 않는 서만을 행위의 도덕 준칙으로 정립한다면, 우리는 이러한 칸트식의 비판을 감내하기 쉽지 않을 것이다. 그렇지만 만일 우리가 '공평무사中'한 지극히 선한 마음으로 자신을 정립하고忠, 이를 미루어 타자를 정립하는恕 도덕률을 세운다면 "당신이 감옥에 가고 싶지 않다면 나를 감옥에 보내지 말아야 한다"는 범죄자의 주장은 '중中'에 위배된다는 점에서 용인되지 않는다. 공자학파의 도덕률은 바로 충忠 개념을 전제한 다음 서恕 개념을 제시했기 때문에 이러한 황금률에 대한 비판이 적용되지 않는다.

이렇듯 유교적 주체는 원리적으로 고립된 주체가 아니라 다양한 관계 속에서 타인과 교제하며 그 본성의 덕을 도덕적 의무로 실현하는 자아다. 그리고 "천하의 일이 나의 일이고 나의 일이 천하의 일이다" 혹은 "만물과 일체가 되는 것이 최상의 경지다"라고 주장한다는 점에서 유교 또한 전체를 중시한다. 그런데 유교의 도덕적 주체는 개별적인 자아에서 출발해 가정, 국가, 천하, 나아가 온 우주적 대아로 승화한다. 그 자아는 우선 가까이로는 부부의 도에서 출발해 궁극적으로는 우주적으로 만물과 일체를 이루려 하지만, 그것은 단순히 무차별적으로 일체가 되는 것이 아니라 정명과 중용의 원리에 입각해 시공간적 상황에 요구되는 의무와 도리를 온전히 다하는 것을 이념으로 삼는다.

그런데 관계적·공동체적 존재인 인간에게서는 자기 정립으로 모든 문제가 끝나지 않는다. 가정, 가문, 국가, 그리고 천하에는 타자로서 또 다른 자아들이 존재한다. 각각의 영역에서 정립된 자아들은 치열한 인정투쟁을 펼칠 수도 있고, 상호 이익 증대를 위해 협상과 계약을 맺을 수도 있다. 자기 정립에 기반을 두고 제가, 치국, 평천하를 거쳐 마침내 지극히 선한 공동체를 구현하려는 이상을 지녔던 유교는 상호 승인으로서의 '서恕(如+心)'를 공동체의 윤리로 제시했다. 내가 주체라면 타자 또한 주체로 승인하고, 내가 어떤 욕망을 지녔다면 상대 또한 그런 욕망을 성취하는 존재로 승인하며, 내가 낭하기 싫은 것이 있을 때 상대 또한 그럴 수 있음을 인정한다면 너와 나의 진정한 대화와 우리로서의 관계맺음이 가능하다. 물론 이러한 상호 승인의 원리는 근대 자유주의의 지저地底를 형성한다. 그런데 개인실체론(사회 명목론)을 배경으로 하는 자유주의적 상호 인정은 완결된 원자적 개인이 주체가 되어 타인의 방해나 강제 없이(소극적 자유) 소유권을 거래하고 계약을 맺는 것이다. 여기서 타자에 대한 의무란 계약에 의해 성립되며, 상대에게 위해를 가하면 법과 계약에 따른 제재를 받는다. 이와 대조적으로 인간을 철저히 유적·공동체적 존재로 파악하는 유가의 주체는 1)자신을 표준(규구規矩, 중中)으로 정립하는 도덕적 주체이며, 2)이렇게 정립된 주체는 인한 본성을 실현하는 존재이기 때문에 상대방에 대한 사랑愛人의 의무를 지니고, 3)그 의무에는 교육을 통한 교화(불인인지심不忍人之政, 친민親民)가 포함된다. 그리고 4)이렇게 중中으로 상호 정립을 이룬 주체들은 '자신을 미루어 남에게 나아가는推己及人' 같은 마음恕으로 상호 승인하고, 궁극적으로 사랑으로 서로 돌보는愛人 지선의 공동체 형성을 이상으로 한다는 것이다. 유교가 구성원 각자가 지니고 태어난 본성의 덕에 의해 마땅함義 宜也을 얻어 조화를 이루었을 때에 최상의 이로움을 이룰 수 있다, 즉 "이로움이란 의로움이 조화를 이룬 상태다利 義之和也"라고 주장한 것은 바로 이런 맥락에서 제안된 것이다. 현대 자유주의에서는 유교가 지녔던 이러한 의미의 이 개념이 결여되어 있기에, 오늘날 공동체의 붕괴와 자연환경의 파괴 같은 병리현상을 겪고 있는 것이다.

2장

利

원전과 함께 읽는 이利

利

이利는 예리한 기물鉐로 칼 도刀(刂)에 따른다. 조화和를 이룬 후에
이로움이 있는데, 조화와 살핌省(가을에 추수 상태를 살핌, 가을
제사)에 따른다. 『주역』「문언전」에 이르기를, "이로움이란 의로
움이 조화를 이룬 것을 말한다"고 하였다.

「이利」

'이'는 기본적으로 벼 '화禾'와 칼 '도刀'가 결합된 회의문자다. 칼의 의미
에 따라 병기구·농기구의 칼날이 예리銳利하다는 의미를 갖는다. 이러한
계통을 따라 '이인利刀(날카로운 칼날)' '이족利足(빠른 발)' '이언利言(말이 빠
름)' 등의 의미가 파생되었다.

그리고 '이'는 '칼 혹은 낫으로 벼를 베는 행위' 곧 수확을 의미한다. 벼
로 대표되는 농산물을 수확하기 위해서는 우선 때에 맞게 씨를 뿌리고 경
작하는 농부의 노고가 있어야 하며, 농산물은 그 노고를 매개로 자연의
원리에 따라 결실(자기완성)을 맺어야 한다. 그래서 모든 것이 때에 알맞게,
마땅함에 맞게 이루어져 순조롭게 조화를 이룬 상태를 '이롭다'고 하는 기
본 의미가 만들어졌다. 바로 이런 의미에서 '이'라는 것은 만물의 과정상
자기완성이라는 뜻을 갖게 된다.

이렇게 모두가 마땅히 해야 할 것을 온전히 다함으로써 조화를 이룬 뒤
에 각자 및 전체에 정당하게 귀속되는 것이 '이로움'이라고 할 수 있다. 그

러나 각각의 구성원은 과정의 적합성과 타당성을 따라 행동하기보다는 자신에게 귀속될 결과물을 상량商量하여 그 결과물의 최대화를 추구하는 경향을 보일 수 있다. 다른 사람의 이로움과 전체적인 조화를 무시하고 자기에게 귀속될 결과물이 최대가 될 것을 기대해 이에 따라 행하는 사람들을 이기주의자라고 하는데, 유교에서는 소인이라고 불렀다. 나아가 이들이 추구하는 자기만의 이로움을 작은 이익小利 혹은 사사로운 이익私利 등으로 규정해왔다. 이러한 부정적인 의미의 소리小利, 사리私利, 이기利己 등과 대립시켜 긍정적인 의미의 대리大利, 공리公利, 민리民利, 복리福利 등의 개념이 형성되었다.

【 서경 】 원문 2

우임금께서 말씀하셨다. "아! 폐하께서는 익의 말을 잘 생각하십시오! 덕이란 정치를 잘하는 것이며, 정치란 백성을 편안하게 하는 것입니다. 물·불·쇠·나무·흙·곡식을 잘 관리하십시오. 그리고 덕을 바르게 세우고, 쓰는 물건을 편리하게 하며, 생활을 풍요롭게 하신다면 백성은 화목해질 것입니다. 이 아홉 가지 일을 잘 조화시켜 실행하십시오. 이 일들이 잘 실행되면 백성은 폐하의 어진 정치를 노래할 것입니다. 어진 정치로 일깨워주시고, 형벌로 감독하시고, 아홉 가지 노래로 격려해주십시오. 이로써 덕의 정치가 무너지지 않도록 해주십시오."

소유의 욕망, 이란 무엇인가

유교의 정교 이념인 정덕正德, 이용利用, 후생厚生이 최초로 나타난 구절이다. 여기서 '정덕'이란 백성의 덕을 바로잡는 것이고, '이용'이란 기물을 만들고 재화의 유통을 원활하게 하여 백성의 일상생활에 이로움을 주는 것이며, '후생'이란 백성의 생활을 풍족하게 하는 것이다. 요컨대 '이용'이란 여러 기물과 유통 수단 등을 편리하게 활용하여 의식주 등의 재물을 풍부하게 함으로써 백성의 삶을 풍요롭게 만드는 데 봉사하는 수단이다.

유교의 원리에 따르면, 모든 존재는 타고난 본성의 덕을 온전히 실현할 때 가장 조화로운 상태가 된다. 그런데 인간이 덕을 실현하려면 먼저 기본적인 생활 조건이 충족되어야 한다. 그러려면 여러 기물과 유통 수단을 인간에게 편리하도록 '이롭게' 활용하는 것이 필요하다. 이렇게 『서경』「대우모」에서 '이'의 의미는 여러 기물을 이롭게 활용하고, 유통 수단을 원활하게 하여 인간의 의식주를 풍부하게 한다는 의미로 쓰였다.

【주역】 원문 3

건乾은 원元코, 형亨코, 이利코, 정貞하니라.

「중천건괘重天乾卦」

「문언」에서 말하였다. "원元이란 착함의 어른이며, 형亨이란 아름다움의 모임이고, 이利는 옳음의 화합함이며, 정貞은 일의 주장함이다. 군자가 인을 체득하면 족히 사람들의 어른이 되며, 모임을 아름답게 하면 족히 예의에 부합하며, 만물을 이롭게 하면 족히 의로움에 화합하며, 바르고 곧음이 족히 일을 주간한다. 군자는 이 네 가지 덕을 행한다. 그러므로 『역』에 말하기를 건은 원형이정이라고 했다."

「문언전文言傳」

유교에서 하나의 큰 존재인 하늘(天=一+大)은 봄, 여름, 가을, 겨울로 운행되며, 봄의 덕을 '원元', 여름의 덕을 '형亨', 가을의 덕을 '이利', 겨울의 덕을 '정貞'이라고 일컬어왔다. 여기서 '원'이란 새싹이 움트는 것을, '형'이란 밥을 짓거나 음식을 삶는 그릇으로 따사로운 햇살이 곡식을 무성하게 자라나게 하는 것을, '이'는 무르익은 벼를 낫으로 베어 수확하는 것을, 그리고 '정'은 추수 이후에 시행되는 감사의 제사로서 만물의 완성을 의미한다. 여기서 "건乾이란 만물의 시작으로, 하늘이 되고, 양이 되고, 아비가 되고, 임금이 된다. 원형이정은 건의 사덕이라고 하니 원元이란 만물의 시작이고, 형亨이란 만물의 자라남이며, 이利란 만물의 과정상 이룸遂이고, 정貞이란 만물의 완성成이다"[14]라고 할 수 있다.

그런데 여기서 우리의 관심은 바로 이 개념에 있는데, 의로움義 혹은 마땅함宜과 연결된다. 요컨대 "이란 만물이 생겨남을 이룸이니 만물이 각각 그 마땅함을 얻어 서로 방해하지 않으므로, 절기로는 가을이 되고 사람에 있어서는 의가 되어 본분(나눔分)의 조화를 얻은 것이다"라고 할 수 있다. 바로 여기서 우리는 『주역』에 나타난 이 개념의 이상을 확인할 수 있다.

【논어 1】 원문 4

자공이 인仁을 행하는 방법을 묻자, 공자께서 말씀하셨다. "장인이 그 일을 잘하려면 먼저 공구를 예리하게 하듯이, 어느 나라에 살든 간에 그 나라의 대부 가운데 어진 이를 섬기며, 그 나라의 선비 가운데 인한 이를 사귀어야 한다."

「위영공衛靈公」

이 구절에서 "공구를 예리하게 하는 것"은 장인이 일을 잘하기 위한, 목적을 달성하기 위한 수단의 성격을 지닌다. 『서경』 「대우모」의 '이용利用'이 여러 기물과 유통 수단을 편리하게 활용해 백성의 삶을 풍요롭게 만드는 것(목적)에 봉사한다는 의미를 갖는 것과 같다.

【논어 2】 원문 5

공자께서 말씀하셨다. "어질지 못한 사람은 곤궁함에 오래 처하지 못하고, 즐거움에도 오래 처하지 못한다. 어진 사람은 인을 편안하게 여기고, 지혜로운 사람은 인을 이롭게 여긴다."

「이인里仁」

유가 원리에 따르면, 공동체적 존재로서 인간은 다른 사람의 불행을 보고 측은해할 줄 아는 인한 본성을 지니고 태어났다. 모든 존재는 본성의 덕을 따라 살아갈 때 가장 자연스럽고 편안하다. 예컨대 물 위로 가는 것이 배의 덕이고, 육로로 가는 것이 수레의 덕이라고 한다면, 배는 물 위로 갈 때에 그리고 수레는 육로로 갈 때에 그 존재 의미를 구현하는 것이다.

인간 또한 다른 사람의 불행을 볼 때 측은해할 줄 아는 인한 본성을 지니고 태어났다면, 그러한 인을 실현하는 것이 존재 의미에 부합하는 행위이며, 자연스럽고 편안한 삶의 방식이다. 유교는 이렇게 인간의 본성은 인하다고 보기 때문에 인을 체득하여 구현하는 게 최선이라고 주장한다. 공자는 어진 사람은 인간의 본성인 인을 자신의 본향과 같이 편안하게 여긴다고 말한다. 그리고 학문과 경험을 통해 인간의 온전한 덕이 인이라는 것을 깨친 지혜로운 사람은 비록 완전히 체득하지는 못했지만, 최소한 인을 행하면 궁극적인 이로움이 된다는 사실을 알고 있다.

'어질지 못한 사람不仁者'은 인이 아니라 세속의 이익을 추구하는 사람으

102

소유의 욕망, 이란 무엇인가

로 소인小人이라 불린다. 소인들은 탐욕에 이끌려 이로움을 추구하기 때문에 가난을 편안히 여기고 도를 즐기는安貧樂道 삶을 영위할 수 없다. 그래서 "어질지 못한 사람은 곤궁함에 오래 처하지 못하고, 즐거움에도 오래 처하지 못한다"고 말한 것이다.

【 논어 3 】 원문 6

이로움에 의거하여 행하면 원망이 많아진다.
「이인」

자로가 '완성된 사람成人'에 대해 질문하니 공자께서 말씀하셨다. "장문중의 지혜와 공탁의 탐욕하지 않음, 변장자의 용감함과 염구의 기예에 예악으로 꾸민다면 또한 완성된 사람이라고 할 수 있다." 또 말씀하시길, "오늘날 완성된 사람은 어찌 굳이 그러할 게 있겠는가? 이로움을 보고는 의로움을 생각하며, 위태로움을 당해서는 목숨을 바치고, 오래된 약속일지라도 평소 그 말을 잊지 않으면 또한 완성된 사람이라고 이를 수 있다"라고 하였다.
「이인」

군자는 의리에 밝고, 소인은 이익에 밝다.
「이인」

공자께서는 이로움과 천명 그리고 인에 대해서는 말씀이 적으
셨다.

「이인」

인간은 행동하는 존재이며 그 행동은 목적을 지향한다. 가장 기본적으
로는 생물학적 유기체로서 자신의 생명을 보존하려고 한다. 동시에 인간
은 더 높은 이상적인 이념을 지향한다. 이런 행동에서 문제는 무엇을 위하
여(목적) 어떻게(수단) 할 것인가다.

일반적으로 근대 개인주의자들은 인간을 욕망하는 존재로 파악하고,
그 욕망의 대상은 재화(재산)를 위시한 자유와 권리 등 여러 가지 이익 혹
은 이로움이라고 간주한다. 그런데 개인주의적인 관점에서 자신의 이익만
을 계산하여 극대화하기를 바란다면, 반드시 다른 사람의 이익을 침해해
원망을 초래하며 전체적인 조화를 해칠 수 있다. 나아가 사회의 모든 구성
원이 오로지 자기 이익만을 최대화한다면 사회는 그야말로 '이익을 위한
만인에 의한 만인의 투쟁 상태'가 될 것이다. 이러한 투쟁 상태를 해결할
방안으로 제안된 것이 바로 근대의 '사회계약론'이다. 즉 이해관계의 충돌
을 계약으로 해결하고, 상호간에 이익의 극대화를 추구하자는 것이다.

유교 또한 인간이 신체를 갖고 태어나 자신을 보존하려는 본능에서 유
래하는 욕망이 있음을 인정한다. 그러나 욕망 추구에 따르는 문제점을 해
결하는 방식에서 유교는 근대 사회계약론자들과 다른 방식으로 접근한
다. 즉 유교는 계약에 따른 의무 이행과 이익 분배가 아니라, 인간적인 도리

에 합당한 행위와 거기에 뒤따르는 정의로운 분배 문제를 제기하고 있다. 바로 여기서 옳음과 이로움의 문제가 등장한다.

공자는 "각각의 개인이 자기 이익만 추구하여 행동하면, 구성원 간의 조화를 해치고 원망을 초래할 수 있다"고 말한다. 나아가 분배 방식에 있어 그 이익을 취하는 것이 정당한가의 문제를 제기한다. 즉 이익이 있으면 합당한가를 먼저 묻고 합당하면 취하고, 합당하지 않으면 취하지 말라는 것이다.

또 한편 유교는 인간 행위의 궁극적인 목표를 자기완성에 두고 있다. 인간의 자기완성을 목표로 노력하는 사람을 군자라고 한다면, 그 자기완성은 인간으로서 마땅히 해야 할 옳은 일을 온전히 할 때 실현된다. 이에 비해 인간의 자기완성보다는 행위에 따른 결과적 이익을 많이 취하려고 노력하는 사람이 있을 수 있다. 이렇게 행위의 적합성보다는 자기에게 귀속될 결과적 이익의 최대화를 추구하는 사람을 유교는 소인이라고 비하한다. 바로 이런 이유에서 공자는 "군자는 인간적 도리에 비추어볼 때 마땅히 해야 할 의로움에 밝고, 소인은 자신에게 돌아올 결과적 이익에 밝다"고 했다. 공자는 결과적 이익보다는 과정의 적합성을 행위 준거로 삼고 일상에서의 실천에 힘쓰면서, 형이상학적 사변에 대해서 드물게 언급했다.

자하가 거보의 읍장이 되어 정치에 대해 묻자, 공자께서 말씀하셨다. "서두르지 말며, 작은 이익을 보려 하지 말 것이다. 서두르면 달성하지 못하고, 작은 이익을 보려 하면 큰일을 이루지 못한다."

「자로子路」

자장이 공자께 여쭈었다. "어떻게 해야 정사에 종사할 수 있겠습니까?" 공자께서 말씀하셨다. "다섯 가지 아름다운 것을 존중하고 네 가지 나쁜 것을 물리친다면 정사에 종사할 수 있을 것이다." 자장이 말하였다. "무엇을 일러 다섯 가지 아름다운 것이라고 합니까?" 공자께서 말씀하셨다. "임금 자리에 있는 사람은 은혜를 베풀되 낭비하지 않고, 백성이 노동하되 원망하지 않게 하고, 의욕을 갖되 탐욕하지 않게 하고, 자긍심을 지니되 교만하지 않게 하고, 위엄이 있되 사납지 않은 것이다." 자장이 말하기를, "무엇을 일러 은혜롭되 허비하지 않은 것이라고 합니까?" 하니, 공자께서 말씀하셨다. "백성이 이롭게 여기는 것에 근거하여 이롭게 해주니, 이것이 은혜롭되 허비하지 않은 것이 아니겠는가? 수고롭게 할 만한 일을 선택하여 수고롭게 하니 또한 누가 원망하겠는가? 인하고자 하여 인을 얻으니 또한 무엇을 탐하겠는가? 많든 적든 크든 작든 간에 어떠한 교만함도 없으니, 이 또

한 태연하면서도 교만하지 않은 것이 아니겠는가? 군자는 의관
을 바르게 하여 그 보는 것을 존엄히 하고 엄숙해서 사람들이 바
라보고 두려워하니, 이 또한 위엄스러우면서도 사납지 않은 것
이 아니겠는가?"

「요왈堯曰」

자장이 말하기를 "무엇을 네 가지 악이라고 합니까?" 하자, 공자
께서 말씀하시길 "가르치지 않고 죄를 지으면 죽이는 것을 잔학
이라 하고, 미리 경계하지도 않고 성과만을 따지는 것을 포악이
라 하고, 명령을 느리게 하고서 기한을 재촉하는 것을 잔적이라
하고, 사람들에게 내주는 것은 마찬가지인데 출납에 인색한 것
을 창고지기의 근성이라고 이른다"고 했다.

「요왈」

　　이란 원래 1)마땅함의 원리에 따랐을 때 결과로 주어지는 조화로운 상
태이거나, 2)여러 기물과 유통 수단을 활용할 때 가져다주는 이로움이 백
성의 삶을 윤택하게 해주는 수단적인 의미를 갖고 있었다(이용후생). 이는
긍정적인 의미다. 그러나 '이'는 행위의 결과이기에, 과정의 적합성을 무시
한 채 최상의 결과만을 예상하고 행동하길 바라는 경향이 있다. 사적으로
주어질 최상의 이익을 계산하여 행동하는 사람을 유교에서는 소인이라 불
렀다. 이러한 소인이 사욕으로 추구하는 것을 '사적인 이익'이라 한다. '사

'私'의 반대말은 '공公'이다. 공은 '八'(=등지고 떠나다)과 '口'(=私)의 합성어로 사적인 욕망과 이익을 등지고 떠난 상태를 말한다. 따라서 공적인 이익이란 사사로운 이익을 버리고 도리에 합당하게 처신한 뒤에 얻어지는 결과물이다. 위정자의 경우 당장 눈앞의 작은 이익에 눈이 멀어 전체적인 맥락과 조화에서 큰 이익을 놓쳐버릴 수 있다. 바로 여기서 작은 이익과 큰 이익의 구분이 생겨났을 것이다. 이 점에서 공자는 "위정자가 작은 이익에 눈이 멀면 백성에게 돌아갈 큰 이익, 즉 공익을 이룰 수 없다"고 경고했다.

공자는 이렇게 작은 이익과 큰 이익을 구별했다. 나아가 백성의 이로움과 군주의 사사로운 이익을 준별하여 백성의 이로움을 곧 군주 자신의 이익으로 삼을 것을 주장했다. 왜냐하면 임금은 백성의 부모이기 때문이다. 그리하여 공자는 "백성이 이롭게 여기는 것에 근거하여 이롭게 해주니, 이것이 은혜롭되 허비하지 않은 것이 아니겠는가?"라고 반문했던 것이다. 유교적 민본주의와 "백성과 함께 즐거워한다與民同樂"는 정교 이념이 바로 여기에 뿌리를 두고 있다.

【중용 1】 원문 8

> 천하에 보편적인 도가 다섯 있는데, 그것을 행하는 방법은 셋이다. 말하자면 임금과 신하, 어버이와 자식, 지아비와 지어미, 형과 아우, 벗과의 교제 등 다섯 가지는 천하의 보편적인 도다. 지혜와 어짊 그리고 용기는 천하의 보편적인 덕인데, 이 덕을 행하

소유의 욕망, 이란 무엇인가

는 방법은 하나다. 혹 나면서 도리를 알고, 혹 배워서 도리를 알며, 혹 경험하여 도리를 아는데, 그 도리를 알면 한가지로 같다. 혹 도리를 편안히 행하고, 혹 이롭게 여겨서 행하고, 혹 힘써 노력하여 행하지만, 그 공을 이룸에 미쳐서는 한가지로 같다.

「애공문정哀公問政」

여기서 말하는 임금과 신하, 어버이와 자식, 지아비와 지어미, 형과 아우, 벗과의 교제 등 보편적인 다섯 가지 도는 맹자에 의해 오륜五倫으로 구체화된다.

후직이 백성에게 농사짓는 법을 가르쳐서 오곡을 심고 가꾸게 했는데, 오곡이 익어 백성이 길러지니 사람에게 도리가 있게 되었다. 그런데 배부르고 따뜻한데 가르치지 않으니 (사람이) 금수에 가까웠다. 성인이 그것을 걱정하여 설을 사도로 삼아 인륜을 가르치게 했다. 부자간에는 친함이 있고父子有親, 군신 간에는 의리가 있고君臣有義, 부부간에는 구별이 있고夫婦有別, 어른과 어린이 사이에는 차서가 있고長幼有序, 벗들 간에는 믿음이 있다朋友有信는 것이다.[142]

요컨대 '부모는 자애하고 자식은 효도하는父慈子孝' 방식으로 부자간의 친함을 이루고, '군주는 의리가 있고 신하는 충성을 다함으로君義臣忠' 군신 간의 의리를 이루며, '남편은 온화하고 아내는 그를 따라夫和婦順' 부부간의 분별됨을 이루고, '형은 우애롭고 아우는 공손한兄友弟恭' 것처럼 어른과 어린이 사이에 차서가 있고, '어짊으로 도와줌으로써以友輔仁' 벗들 간에 신뢰가 있다는 것이다. 그런데 이 오륜에서도 우리는 효제孝悌 개념이 중심이 되어 '부자유친父子有親'과 '장유유서長幼有序'에 반영되어 있음을 확인할 수 있다. 이렇게 유가는 가족 윤리孝悌를 근본으로 삼고, 사회와 국가 윤리는 말단으로 하는 본말론本末論에 의해 가족과 국가 윤리를 모순 없이 하나의 원리로 관통하고자 했다. 맹자의 다음 언명은 이러한 본말론에서 나온 것이다.

> 내 노인을 노인으로 섬겨서 남의 노인에게 미치며, 내 어린아이를 사랑하여 남의 어린이에게까지 미친다면 천하를 손바닥에 놓고 움직일 수 있다. (…) 옛사람이 일반인보다 크게 뛰어났던 이유는 다른 것이 아니라, 그 하는 바를 잘 미루었을 뿐이기 때문이다.[143]

가족 윤리를 기초로 성립된 오륜의 이념을 이차적인 사회 집단의 구성원들 모두가 행해야 할 공동선이라고 주장한다는 점에서 유가 윤리는 현실 적합성을 잃은 것으로 평가되기 쉽다. 그러나 유가 윤리가 가족의 폐쇄성에 머무르려 한 것이 아니며, 공익이라는 이름으로 규범을 강제하는 법가의 국가주의 및 묵가의 전체주의에 대한 비판과 더불어 개인의 자발성에 기초해 윤리를 세우려는 문제의식이 있었다는 것을 인식한다면 유가 윤리는 서구 자유주의와 또 다른 의미의 자유주의 사상으로 평가할 수 있다.

다섯 가지 보편적인 도리를 실현하는 개인의 자발성의 기초가 되는 덕이 바로 지혜와 어짊, 그리고 용기라고 하는 군자의 보편적인 덕이다. 그리하여 공자는 "지혜智, 어짊仁, 용기勇 세 가지는 천하의 통달된 덕이다"[144]라고 말한다. 그런데 이를 『대학』의 팔조목과 결부시켜 말하면, 우선 지혜, 어짊, 용기를 알면 수신할 수 있는 바탕, 즉 격물, 치지, 성의, 정심할 수 있다. 또한 그 역으로 격물, 치지, 성의, 정심할 수 있으면 '수신'할 수 있다. 그리고 수신한다면 치인治人의 까닭을 알 수 있어 제가, 치국, 평천하할 가능성이 열린다. 그런데 하늘과 동물의 중간자 혹은 가능성의 존재로서 인간은 결코 지혜, 어짊, 용기 자체에 도달할 수는 없고, 항상 이 덕에 근접하도록 노력하는 자에 불과하다. 그러므로 공자는 이렇게 말하고 있다.

배우기를 좋아하면 지혜에 가깝고, 힘써 행하면 어짊에 가깝고, 부끄러움을 알면 용기에 가깝다. 이 세 가지를 알면 몸을 닦을 바를 알며, 몸을 닦을 바를 알면 사람을 다스릴 바를 알고, 사람을 다스릴 바를 알면 천하 국가를 다스릴 바를 안다.[145]

나아가 공자는 인간 본성의 보편성을 인정한 것으로 해석될 수 있는 "성性은 서로 비슷하나 습관은 서로 멀다"[146]라는 말을 남겼으며, 더욱이 '성삼(사)품설性三(四)品說'로 해석될 수 있는 언명을 제시했다. 다음 구절들이다.

나면서부터 아는 자는 상지上知이고, 배워서 아는 자는 그다음이며, 막

혔으나 배우는 자는 또 그다음이고, 막혔으면서도 배우지 않으면 민民으로서 하우下愚가 된다.[147]

오직 상지와 하우만이 변화될 수 없다.[148]

중인 이상은 (형이)상을 말할 수 있으나, 중인 이하는 (형이)상을 말할 수 없다.[149]

원문에서 "혹 나면서 도리를 알고, 혹 배워서 도리를 알며, 혹 경험하여 도리를 안다"는 구절은 『논어』의 이러한 구절과 맥락을 같이한다. 나면서부터 도리를 아는 자는 도리를 편안히 행한다. 배워서 도리를 아는 지혜로운 사람은 도리를 이롭게 여겨서 행한다. 막혔지만 경험해서 도리를 아는 자는 힘써 노력하여 도리를 행한다. "배워서 아는 지혜로운 사람은 도리를 이롭게 여겨서 행한다"는 구절은 『논어』「이인」의 "어진 사람은 인을 편안하게 여기고, 지혜로운 사람은 인을 이롭게 여긴다仁者 安仁 知者 利仁"는 구절과 같은 맥락이다. 태어나면서부터 아는 성인은 보편적인 도리를 행하는 것이 그 본성에 부합하기 때문에 편안하게 행하고, 배워서 하는 현인은 달도를 행하는 것이 이롭다는 것을 알아(利=貪) 지혜롭게 행한다는 것이다. 여기서 동사로 쓰인 이利는 궁극적인 달도의 동기로 긍정적인 의미로 쓰였다.

소유의 욕망, 이란 무엇인가

군자는 먼저 덕에 있어 삼가 조심한다. 덕이 있으면 곧 사람이 있고, 사람이 있으면 곧 땅이 있으며, 땅이 있으면 곧 재물이 있고, 재물이 있으면 곧 쓰임이 있다. 덕은 근본이고 재물이 말단이다. 근본을 도외시하고 말단을 숭상하면, 백성을 다투게 하여 서로 빼앗는 가르침을 베푸는 것이다. 이런 까닭으로 재물이 소수 몇몇에게 집중되면 백성이 흩어지고, 재물이 골고루 나뉘면 백성은 모인다. (…)

맹헌자가 말하기를 "말을 기르고 수레를 타는 이는 닭과 돼지를 살피지 않고, 얼음을 채벌해서 쓰는 집안은 소와 염소를 기르지 않으며, 백승의 집안은 취렴하는 신하를 두지 않으니, 취렴하는 신하를 두느니 차라리 도둑질하는 신하를 둔다"고 했다. 이는 "국가는 이로움으로써 이로움을 삼지 않고, 의로움으로써 이로움을 삼는다"는 것을 말한다.

국가의 어른이 되어 재물을 모아 쓰는 데에 힘쓰는 것은 [그 시초개] 반드시 소인으로부터 말미암는 것이다. 소인은 그것을 잘하니, 소인으로 하여금 국가를 다스리게 하면 재해가 함께 올 것이다. 비록 선한 사람이 있다고 할지라도 또한 어떻게 할 수 없을 것이니, 이를 일러 "국가는 이로움으로써 이로움을 삼지 않고, 의로움으로써 이로움을 삼는다"고 하는 것이다.

「자로문강子路問強」

유교의 정치서인『대학』은 덕치의 이념을 피력한다. 그리하여『대학』은 그 시작에서 "큰 배움의 길은 밝은 덕을 밝게 드러내는 데 있고, 백성과 친하여 새롭게 하는 데 있으며, 최상의 선에 머무르는 데 있다"[150]고 선포했다. 여기서 '밝은 덕을 밝게 드러냄明明德'은 큰 배움의 길을 가는 자가 자기 덕성을 닦고 배양하는 '수기修己'를, 그리고 백성과 친하여 새롭게 하는 것은 치인治人을 의미한다. 자신의 밝은 덕을 밝게 드러내어 '수기'를 이루고, 이를 미루어서 타인 또한 지켜 돌보아 새롭게 함으로써 인간의 온전한 자기완성, 즉 '최선의 이상적 공동체를 이루는 것至於至善'이『대학』의 이념이었다. 그런데 큰 배움의 길은 자유, 자율로 추구되어야 한다는 것은 췌언을 요하지 않는다. '수신'이 자유, 자율에 입각해 있다는 것은 말할 것도 없지만 치인 또한 마찬가지다. 그래서 공자는 "덕德으로써 정치를 하는 것은, 비유하자면 북극성이 제자리에 있으면 여러 별이 그 북극성을 향해 선회하는 것과 같다"[151]고 말했다.『대학』은 이상적인 공동체에 이르는 길을 다음과 같이 단계적으로 묘사하고 있다.

옛날에 밝은 덕을 천하에 드러내 밝히고자 한 사람은 먼저 그 나라를 다스렸고, 그 나라를 다스리고자 한 사람은 먼저 그 집을 가지런히 했고, 그 집을 가지런히 하고자 한 사람은 먼저 그 몸을 닦았고, 그 몸을 닦고자 한 사람은 먼저 그 마음을 바로잡았고, 그 마음을 바로잡고자 한 사람은 먼저 그 의지를 성실히 했고, 그 의지를 성실히 하고자 한 사람은 먼저 그 앎을 이루었으니, 앎을 이루는 것은 사물에 나아감에 있다.[152]

이는 통상 격물, 치지, 성의, 정심, 수신, 제가, 치국, 평천하라는 팔조목으로 일컬어져왔다. 이 팔조목은 몸을 닦음, 즉 수기를 중심으로 양분된다.[153] 그런데 '수기'는 몸身의 주관자인 마음心을 닦는 데서 시작해야 하는데, 마음의 방향을 설정하는 것은 의지意다. 따라서 의지를 성실하게 하지 않으면 마음을 바르게 할 수 없다. 나아가 인간의 '처신處身'에 결정적인 역할을 담당하는 마음과 의지는 결국 사물의 이치, 즉 천리天理를 궁구하는 격물과 치지에 의존하지 않을 수 없다.

팔조목을 통해 『대학』은 사물의 이치理를 탐구하는 것과 마음의 자질(천성天性, 명덕明德)을 함양하는 것이 일치하는 차원에서 몸을 닦고 가정과 국가 및 온 천하를 다스리는데, 인간 완성의 정도에 비례하여 이상 국가의 완성도 이룰 수 있다고 주장한다. 즉 큰 배움의 도정인 격물, 치지, 성의, 정심, 수신, 제가, 치국, 평천하는 수기치인의 방법이며, 정치는 곧 배움의 실천이자 실현이다. 그리고 수기치인의 큰 배움은 '성인이 되기 위한 학문聖學'이지 상대적인 수단의 세계에 관여하는 기술과학이 아니다. 이상적인 공동체를 형성하고자 하는 이 커다란 배움은 어떤 특정의 존재자나 수단 세계에 봉사하는 전문 지식이 아니다. 이것은 모든 전문 지식과 수단의 세계가 인간의 목적에 봉사하도록 수단의 세계에 가치 질서를 부여하고, 수단에 종사하는 사람들로 하여금 그 모든 전문직이 하나의 조화롭고 통일된 인간 공동체에 가장 적절하게 봉사할 수 있도록 통치하는 최상의 높고도 포괄적인 지혜의 학문이자 목적의 학문이다. 어떠한 특정 수단에도 봉사하지 않기에 부분적으로는 '아무런 쓸모가 없는 학문無用之學'이면서도, 모든 수단이 하나의 목적을 향해 제 구실을 다하도록 '크게 쓰이는無用之大

用’ 학문이 바로 진정한 ‘큰 배움大學’이다.

바로 이러한 입장에서 『대학』은 덕과 재화의 관계에서 이른바 “덕은 근본이고 재화는 말단이다”라는 입장을 피력한다. 그래서 “덕이 있으면 곧 사람들이 모여들고, 사람들이 몰려오면 영토가 늘어나고, 영토가 늘어나면 국가가 부강해지고, 국가가 부강해지면 국가를 크게 일으키고 백성의 생활을 윤택하게 하는 데 쓸 수 있는 재물이 있다”고 말한다. 이러한 ‘덕본재말德本財末’의 입장에서 국가를 다스리는 군주는 덕으로써 의롭게 행할 때 그 조화로 인해 국가 전체의 이익이 최대화된다고 주장한다. 바로 이 때문에 “국가는 이로움으로써 이로움을 삼지 않고, 의로움으로써 이로움을 삼는다”고 말한다. 이 구절은 또한 『논어』의 “백성이 이롭게 여기는 것에 근거하여 이롭게 해주니, 이것이 은혜롭되 허비하지 않은 것이 아니겠는가?”라는 구절과 연관되면서 그 의미를 더 확장한 것이라 할 수 있다. 요컨대 치자가 ‘덕본재말’의 입장에서 정치를 펼치면, 마치 뿌리 깊은 나무의 가지, 줄기, 열매가 무성한 것과 마찬가지로 오히려 국가가 홍대해지고, 마침내 평천하하는 성인 군주가 될 것이라는 입장을 제시했다.

【 맹자 1 】 원문 10

맹자께서 말씀하셨다. “닭이 울면 일어나서 부지런히 선을 행하는 자는 순임금의 무리이며, 닭이 울면 일어나서 부지런히 이익을 위해 일하는 자는 도척의 무리다. 순임금과 도척의 구분을 알

소유의 욕망, 이란 무엇인가

고자 한다면 다른 것이 없다. 이익과 선함의 차이일 따름이다."

「진심盡心 상」

여기서 맹자는 이利를 선善과 대립시키고 있다. 즉 유교가 주장하는 가장 이상적인 인물인 순임금을 따르는 무리는 선에 동기를 두고 행하지만, 반대로 춘추시대 악명 높은 큰 도둑의 무리는 이익을 위해 부지런히 일한다는 것이다.

일반적으로 선(좋음)이란 악(나쁨)과 상대되는 개념으로 도덕 실천상의 가치를 나타낸다. 『설문해자』에서는 "선이란 길吉한 것이다. '두 개의 언言'과 양羊이 합쳐진 것으로 의義, 미美와 뜻이 같다"고 말하고 있다. 이렇게 선이란 길한 것으로 의롭고 아름답다는 의미를 함께 지니기에, 그 반대말로 악 혹은 추악醜惡이라는 말이 생겨났다. 서양 철학 또한 선이란 모든 존재, 특히 이성적·윤리적 존재인 인간이 추구해야 할 궁극적인 목적으로 여겨왔다. 맹자는 선과 관련하여 다음과 같이 말했다.

가치상 추구할 만한 것을 선이라 하고, 이 선한 것을 인간이 지니고 있으면 믿음직하다고 하며, 선에 충실하여 빛나는 사람을 일러 크다고 하고, 크면서 변화되었으면 성스럽다고 하며, 성스러우면서 알아볼 수 없는 경지에 도달하면 신령스럽다고 한다.[154]

여기서 가치론적으로 좋아서 추구할 만한 것으로 인간이 지니고 태어난 것은 본성의 덕이다. 바로 이 때문에 맹자는 인간의 본성은 선하다는 성선설을 주장했다. 맹자가 성선설을 주장한 대목이다.

공도자가 물었다. "고자는 말하기를 '성性은 선善함도 없고, 불선不善함도 없다. 어떤 사람은 말한다. 성은 선할 수도 있고 불선할 수도 있다. 그러므로 문왕과 무왕이 일어나면 백성이 선을 좋아했고, 유왕과 여왕이 일어나면 백성이 난폭함을 좋아했다. 또 어떤 사람은 말한다. 성이 선한 사람도 있고, 성이 불선한 사람도 있다. 그러므로 요임금 시대에도 상象이 있었으며, 고수瞽瞍라는 아버지에게 순임금이 있었다' (…) 했습니다. 지금 선생님께서 성선을 말하시니, 그러면 저들은 모두 틀렸습니까? 맹자가 말하였다. "그 실정을 말하자면 선하게 될 수 있으니, 이에 이른바 선하다고 말하는 것이다. 불선하는 것으로 말하면 재才의 죄가 아니다. 측은지심은 사람이 모두 지니고 있으며, 수오지심도 사람이 모두 지니고 있으니 (…) 측은지심은 인仁이요, 수오지심은 의義요 (…) 인의예지는 밖으로부터 우리를 녹여서 들어온 것이 아니라, 우리가 고유하게 지니고 있건만 생각하지 않을 따름이다. 그러므로 구하면 얻고 버리면 잃는다 하니, 혹 (사람마다 선악의 차이가) 서로 배가되고 계산할 수 없는 것은 그 재才를 다 실현하지 못했기 때문이다. (그러므로) 『시경』에서 말하기를 '천天이 뭇 사람을 내니, 만물物이 있으면 법칙이 있도다. 백성이 떳떳함을 지니고 있는지라 이 아름다운 덕을 좋아한다'고 한 것이고 공자가 말하기를, '이 시를 지은 사람은 도를 알 것이다. 그러므로 만물이 있으면 법칙이 있어, 백성이 떳떳함을 지니고 있으니 이 아름다운 덕을

소유의 욕망, 이란 무엇인가

좋아한다'고 한 것이다."[155]

여기서 맹자가 말한 성선의 의미를 정리해보자. 맹자에게 악이란 인간 자질의 잘못이 아니라, 품부된 성을 온전히 실현하지 못하거나 혹은 왜곡시키는 것이다. 즉 맹자에게 악이란 선의 결핍 내지 왜곡 개념이다. 이와 관련하여 관심이 가는 것은 맹자 철학에서의 진리眞理 개념이다. 참다운 인식은 진리의 인식이어야 한다. 왜냐하면 허위는 존재하지 않거나, 진리의 결성缺性 개념이라는 점에서 곧 허위를 인식한다는 것은 결국 진리와 다른 허위를 인식하는 것이 아니라, 진리를 인식하는 데 실패함을 의미하기 때문이다. 진리를 가리키는 그리스어 '알레테이아aletheia'는 '가려져 있지 않음'을 뜻한다. 이런 의미에서 하이데거는 『진리의 본질에 관하여』 곳곳에서 '진리의 본질'을 '비은폐성의 현존'이라고 주장한다. 유교에서 진리는 하늘天이다. 이 하늘의 도는 끊임없이 만물을 낳고 기르는 원·형·이·정으로 표현된다. 이러한 하늘의 도를 품부받은 인간의 덕은 인·의·예·지로 표현된다. 맹자가 인仁을 사람의 편안한 집이라고 묘사한 것은 바로 이런 사정을 말하는 것이다. 인은 인간이 본래 기거할 곳, 참된 본성이기 때문이다. 그런데 선이란 하늘의 도를 계승하는 것이다繼之者善. 다시 말하면, 인간이 하늘로부터 부여받은 인성을 남김없이 실현하여 천의 화육 역사에 동참하는 것이 맹자에게는 선이다. 따라서 악이란 이 부여받은 인성을 왜곡하거나 온전히 실현하지 못하는 것이다. 다시 말해 악은 타고난 '재才'를 온전히 실현하지 못하는 데서 생겨난다. 그러면 왜 이런 일이 일어나 우리는 수많은 악업惡業을 짓게 되는 것일까? 이 점에 대한 맹자의 설명은 두 가지로 귀결되는데, 다음 구절에서 단서가 드러난다.

인仁은 사람의 마음人心이요, 의義는 사람의 길人路이다. 그 길을 버리고 따르지 않으며 그 마음을 잃고는 구할 줄 모르니 슬프다. 사람들은 닭과 개가 도망가면 찾을 줄 알면서도 마음을 잃고는 구할 줄 모른다. 학문의 길은 다른 곳에 있는 것이 아니라, 그 잃어버린 마음을 구하는 것일 따름이다. (…) 손가락이 남과 같지 않으면 싫어할 줄 알되, 마음이 남과 같지 않으면 싫어할 줄 모르니 이를 일러 유類를 알지 못한다고 말한다. (…) 잘 기르고 잘못 기르는 것을 상고하는 근거가 어찌 다른 곳에 있겠는가? 자기에게서 취할 따름이다. 몸에는 귀천과 대소가 있으니, 작은 것으로 큰 것을 해치지 말고, 천한 것으로 귀한 것을 해치지 말며, 그 작은 것을 기르는 자는 소인이 되고, 그 큰 것을 기르는 자는 대인이 된다. (…) 음식을 밝히는 자는 사람들이 천하게 여기니, 작은 것을 기르고 큰 것을 잃기 때문이다. (…) 귀와 눈(오관五官 전체)은 생각하지 못하여 사물에 가려지니, (외부) 사물이 이 물(오관)과 교차하면, (오관이 외부) 사물에 끌려갈 따름이다. 마음은 생각思할 수 있으니, 생각하면 얻고, 생각하지 않으면 얻지 못한다. 이는 하늘이 우리 인간에게 부여한 것이니 먼저 그 큰 것에 정립한다면 그 작은 것이 빼앗지 못할 것이므로 이것이 대인이 되게 한다.[156]

여기서 나타나듯이 맹자는 전국시대라는 혼란기에 사회상을 통탄하고 방심放心에 의한 인간성의 피폐를 신랄하게 비판한 역사의식 충만한 부정 정신의 소유자였다. 그런데 그는 이렇게 피폐한 인간 현상에서부터 그 본성이 악하다는 부정적·비관적 결론에 도달한 것이 아니라, 인간의 악한 현상은 선한 본성의 상실에서 기인한다고 진단하면서 참된 인간성의 회복을 촉구했던 것이다. 맹자가 지적하듯이, 우리 감관은 생물학적 욕구 때문에 외적 사물에 미혹되고 본능적 쾌락에 탐닉하며 산란해져 급기야 방심하기 쉽다. 이런 감각적 쾌락에 빠져 방심한 사람을 맹자는 소인이라고 한다. 그렇다면 놓은 마음을 구할 단서는 어디에 있는가? 맹자는 그 단서를 자기반성 능력에서 찾았다. 맹자는 우리 마음이 생각할 수 있는 능력, 즉 자기 반성 능력이 있기에 이를 통해 큰 것을 정립한다면 작은 것(생물학적 유혹)에 넘어가지 않아 대인이 될 수 있다고 말한다. 여기서 몸의 천하고 작은 것은 이목지관耳目之官으로 대표되는 감각적인 욕구로서 인심人心에 해당되고, 귀하고 큰 것은 곧 도심道心으로 그 본성의 덕인 인을 지향한다. 그리하여 맹자는 다음과 같이 말한다.

> 구하면 얻고 버리면 잃는 것이다. 이 [성을] 구하는 것은 얻는 데에 유익함이 있으니 나에게 있는 것을 구하기 때문이다. [부귀를] 구하는 데에는 방도가 있고 [인작을] 얻는 데에는 명이 있으니 이러한 [인작을] 구하는 것은 얻는 데에 무익하다. 몸 밖에 있는 것을 구하기 때문이다.[157]

이 구절에서 밖에 있는 것을 애써 구함으로써 유익함이 없는 것은, 『맹자』「진심 상」과 연관해 볼 때, 우리의 '이목지관'이 욕구하는 '부귀이달富貴利達', 즉 이로움이다. 나아가 맹자는 이러한 구분에 근거하여 마침내 신체 노동을 통해 수단세계에 종사하는 자와 공동체의 목표를 설정하고 정의롭게 다스리는 자의 분업관계를 '천하의 통의通義'라고 규정한다.

대인이 할 일이 있고, 소인이 할 일이 있다. (…) 그렇기에 옛말에 어떤 이는 마음을 수고롭게 하고, 어떤 이는 몸으로 힘을 쓰나니, 마음을 수고롭게 하는 자는 다른 사람을 다스리고, 몸으로 힘쓰는 자는 다른 사람에게 다스려진다고 했다. 다른 사람에게 다스려지는 자는 다른 사람을 먹여주고, 다른 사람을 다스리는 자는 다른 사람에게 얻어먹는 것이 천하의 통의다.[158]

맹자가 말하는 선이란 "추구할 만한 것으로 인간이 지니고 태어나며 신뢰할 수 있는 것"이고, 곧 인의예지로 대표되는 인간 본성의 덕이다. 후대의 성리학적인 말로 해석하면, 순임금의 무리가 추구하는 선이란 천리의 공의로움이고, 도척의 무리가 추구하는 것은 인욕의 사사로움이다. 그래서 정자는 선과 이利의 차이는 공의로움과 사사로움의 차이라고 해석했다.[159] 결국 순임금의 무리를 군자에, 도척의 무리를 소인에 비유할 수 있다면, 이 구절 또한 공자가 말하는 "군자는 의로움에 밝고, 소인은 이로움에 밝다"는 구절과 통한다.

【 맹자 2 】 원문 11

왕께서는 하필이면 이로움을 말씀하십니까? 또한 인의가 있을

소유의 욕망, 이란 무엇인가

따름입니다. 왕께서 어떻게 나의 나라를 이롭게 할까 하시면, 대부들은 어떻게 하여 나의 집안을 이롭게 할까 하며, 선비와 서인들은 어떻게 하면 자기 자신을 이롭게 할까 합니다. 윗사람과 아랫사람이 서로 이로움을 취하면 나라가 위태로워질 것입니다. 만승의 나라에서 그 군주를 시해할 자는 반드시 천승의 집안이며, 천승의 나라에서 그 군주를 시해할 자는 반드시 백승의 집안이니, 만승의 나라를 천승의 집안이 취하고, 천승의 나라를 백승의 집안이 취하는 것은 결코 드물게 일어나는 일이 아닙니다. 그러나 진실로 의로움을 뒤로하고 이로움을 우선한다면 빼앗지 않고도 만족하지 않을 것입니다. 어질면서 그 부모를 버리는 자는 없으며, 의로우면서 그 임금을 뒤로하는 자는 없습니다. 왕께서 또한 인의를 말씀하실 따름이지, 하필이면 이로움을 말씀하십니까?

「양혜왕 상」

송경이 장차 초나라에 가려고 할 때, 맹자가 석우에서 만났다. 맹자가 말하였다. "선생께서는 장차 어디로 가려 하십니까?" 송경이 말하였다. "내가 들으니 진나라와 초나라가 전쟁을 하고 있다 하므로, 내가 장차 초나라 왕을 알현하고 유세하여 그만두게 할 것이다. 초나라 왕이 기뻐하지 않거든, 나는 장차 진나라 왕을 알현하고 유세하여 그만두게 할 것이다. 두 임금 중에 나와 뜻이 합하는 사람이 있을 것이다." 맹자가 말하였다. "제가 청컨대 그 상세함을 묻지 않겠고, 그 취지를 듣기를 원합니다. 장차 어떻게 유세하시겠습니까?" 송경이 말하였다. "나는 전쟁하는 것이 이롭지 않다는 것을 말하려고 하네." (맹자가 말하였다.) "선생께서 이로움으로 진나라와 초나라 왕에게 유세하면, 진나라와 초나라 왕은 이로움에 기뻐하여 삼군의 군대를 파할 것입니다. 이는 삼군의 군사들이 파함을 즐거워하고 이로움을 기뻐하는 것입니다. 신하가 이로움을 생각하여 그 임금을 섬기고, 자식이 이로움을 생각하여 그 부모를 섬기고, 아우가 이로움을 생각하여 그 형을 섬기면, 이는 임금과 신하, 부모와 자식, 형과 아우가 마침내 인의仁義를 버리고 이익을 생각하여 서로 대적하는 것입니다. 그렇게 하고서도 망하지 않는 자는 없습니다. 선생께서 인의로써 진나라와 초나라 왕에게 유세하면 진나라와 초나라 왕이 인의에 기뻐하여 삼군의 군사를 파할 것입니다. 이는 삼군의 군사들이 파함을 즐거워하여 인의를 기뻐한 것입니다. 신하가 인의를 생각하고 그 임금을 섬기며, 자식이 인의를 생각하여 그 부모를 섬기고, 아우가 인의를 생각하여 그 형을 섬기면 이는 임금과 신하, 부모와 자식, 형과 아우가 이익을 버리고 인의를 생각하여 서로 대하는 것입니다. 이렇게 하고도 왕의 역할을 하지 못하는 사람은 있지 않으니, 하필이면 이익을 말씀하십니까?"

「고자告子 상」

『맹자』에서 이 두 구절은 같은 내용과 논리로 도덕적인 인의와 이의 관계를 종합적으로 제시하고 있다.

맹자는 '이로움'을 행위의 동기로 삼을 때 오히려 개인, 가정, 가문, 국가, 천하 등이 해를 입어 위태로워짐을 지적하고, 위정자는 이익에 대해서는 드물게 말하면서 오직 인의에 힘써야 한다고 강조한다. 이는 『논어』에서 공자가 "이로움에 의거하여 행하면 원한이 많아진다"고 한 것과 같은 맥락에서 나온 말이다. 여기서 양혜왕과 송경은 행위의 목적을 이로움에 두고 있다. 양혜왕은 어떻게 자신의 국가를 이롭게(부국강병) 할 것인가가 관심사이고, 송경 또한 이로움에 기준을 두고 계산했을 때 전쟁을 하는 것이 하지 않는 것보다 이득을 주지 않는다는 사실을 들어 군주를 설득하려 했다.

이에 대해 맹자는 우선 모든 사람이 이로움에 근거하여 행동하면, '만인에 의한 만인의 대적對敵 상태'가 초래되어 오히려 구성원 모두가 아무런 이로움도 얻지 못하며, 결국에는 함께 망한다는 사실을 환기시키고 있다. 요컨대 모두가 단지 이로움이라는 기준에 의해서 행동할 때는 천승의 나라를 다스리는 사람이 만승의 군주를 시해하고, 백승의 집안에서는 천승의 군주를 시해하여 그 나라를 빼앗는 일을 전혀 망설이지 않을 것이다. 이렇게 하면 사회 윤리가 붕괴된다. 가장 기본적인 가정 윤리 또한 마찬가지다. 부모가 자식을 이로움에 기준을 두어 기르고, 자식 또한 이로움을 생각하여 부모를 섬기며, 아우와 형이 이로움을 기준으로 우애를 나눈다면, 결국 가족마저도 서로 대적하여 인륜은 무너지고 말 것이라는 주장이다.

맹자는 또 다른 행위·정치의 기준을 제시한다. 바로 본성의 덕에 의한 행위와 정치(덕치德治)다. 맹자에 따르면, 어린아이가 우물에 빠지려고 할 때 우리 모두는 깜짝 놀라 구하려는 마음이 자발적으로 우러나온다. 사람은 인한 본성을 지니고 태어났기 때문이다. 그리고 이러한 인한 본성에 따라 마땅한 일을 하는 것이 옳은 길이다. 그럴 때 마치 샘이 처음 솟아나오는 것같이, 불이 처음 피어오른 것같이 자연스럽게 최상의 인간다움을 성취할 수 있다. 그리고 이로움이란 이렇게 인간 본성의 덕에서 말미암아 인간이 가야 할 길을 갈 때 가장 자연스럽게 도출되는 결과라는 것이다. 바로 이런 맥락에서 맹자는 "어질면서 그 부모를 버리는 자는 없으며, 의로우면서 그 임금을 뒤로하는 자는 없습니다"라고 말한 것이다. 맹자의 이 언명은 곧 『대학』의 "국가는 이로움으로써 이로움을 삼지 않고, 의로움으로써 이로움을 삼는다"는 말과 같은 맥락에서 군주의 역할을 규정하면서, '덕본재말'의 입장을 피력하고 있다. 결국 맹자는 행위의 동기 측면에서는 과정의 적합성을 추구하는 의義를 따르고, 나아가 과정의 적합성에 따라 행할 때 결과적인 이로움이 최대화된다는 관점을 피력했다.

【맹자 3】 원문 12

양자는 자신을 위함을 취했으니, 하나의 털을 뽑아서 천하를 이롭게 하더라도 하지 않는다. 묵자는 겸애를 주장하니, 이마부터 갈아 닳아져서 이것이 발꿈치에 이르더라도 천하에 이로우면 그

것을 한다. 자막은 이 중(中)을 잡았으니, 중을 잡으면 도에 가까우
나, 중을 잡고도 균형을 이루지 못하면 하나만 잡은 것과 같다.
하나만 잡는 것을 싫어하는 까닭은 그것이 도를 해치기 때문이
니, 하나를 들고 백 가지를 폐한다.

「진심 상」

이 구절은 위아주의자인 양주와 겸애주의자인 묵자 및 맹자의 차이점
을 드러낸다. 양주의 위아주의는 개인 생명에 절대적인 의미를 부여해 공
동체의 삶을 등한시했다. 이에 반해 묵자의 겸애주의는 인간 내면에 전혀
관심을 기울이지 않은 채 이익에 동기를 두고 타인이 선호하는 반응에 따
라 행동하는 것에 행위의 초점을 둠으로써 인성의 문제를 남겨뒀다. 요즘
말로 하면, 양주가 자유주의적 개인실체론(사회 명목론)을 주장했다면, 묵
자는 전체주의적 사회실체론(개인 명목론)을 주장한 것이다. 이에 비해 맹
자는 '유자입정'의 비유에서 타인에 대한 자발적 감정에 주목하고 그 감정
이 다른 사람에 대한 동정심으로 나타난다는 점에서 인간에겐 통합된 유
적 연대성이 있음을 설명했다. 즉 인간의 개인성은 타인 곧 사회를 향한다
는 점과 사회는 개인의 인간성에 토대를 둠을 말하려고 했다는 점에서 맹
자는 '개인의 사회성'과 '사회의 개인성'을 동일 근원의 두 양상으로 파악
했다. 따라서 '이'와 관련하여 양주와 묵자, 맹자의 차이점을 규정하면 다
음과 같다.

위아주의자인 양주는 사회엔 관심이 없고 오로지 자신의 생명을 양성

하는 데만 관심이 있다. 따라서 그는 천하를 이롭게 하는 최소한의 희생조차 거부한다. 이로움을 윤리적 동기로 간주하는 묵자는 인간 본성에는 관심이 없고 오로지 전체 효용성을 최대화하는 데만 관심이 있다. 따라서 전체의 이로움을 최대화한다면 개인적인 모든 희생을 감내한다. 이에 비해 맹자는 인간 본성의 덕이 있고, 이 본성의 덕을 때와 장소에 알맞게 실현할 때 최대의 이로움이 뒤따른다고 말한다.

그리고 여기에는 유가의 '중中' 개념이 제시된다. 유가에 따르면 모든 도덕의 표준으로서의 하늘은 '중'이며, 중의 하늘이 만물의 큰 근본이다.[160] 따라서 인간의 올바른(정正=일一+지止: 하늘에 나아가 머무름) 길은 중함으로써 하늘의 천지화육 작용에 동참하는 데서 성립된다.[161] 그러므로 『주역』「무망괘无妄卦」에서는 "크게 중함으로써 바르게 된다大中以正"고 말했던 것이다. 『서경』「대우모」의 인심도심설은 『논어』「요왈」 편에 다음과 같이 반복되어 기술되어 있다.

요임금께서 말씀하셨다. "순아, 하늘의 역수曆數가 너의 몸에 있으니, 진실로 그 중을 잡아라. 온 천하가 곤궁하면 천록이 영원토록 끊어질 것이다." 순임금도 우임금에게 또한 그것으로써 명령하셨다.[162]

유교에서 도통의 근원은 중의 하늘이며, 따라서 그런 하늘을 본받아 중용中庸-중화中和-시중時中을 행하고 이루는 것이 인간의 선한 행위의 표준이 된다. 그리하여 『중용』에서는 "중용을 행하는 것이 도를 실행하는 요체이며"[163] "최상의 지극한 원리"[164]라고 말한다.

중中은 천하의 대본이고 화和는 천하의 달도이기 때문에, 중화를 이루면 천지가 제자리를 잡고 만물이 발육된다.[165]

나아가 군자의 표준은 중용이기 때문에 "군자는 중용을 행하고, 소인은 중용에 반하여 행하는데, 군자의 중용이란 군자로서 때에 알맞고時中, 소인이 중용에 반하는 것은 소인이면서 기탄없이 행하는 것이다"[166]라고 한다. 그렇다면 도를 행하는 요체이자 지극한 최상의 원리로서 선한 행위의 표준이 되는 '중'은 무엇인가?

『설문해자』에 따르면, "중中은 'ㅣ'과 'ㅁ'로 구성되어 사방으로 둘러싸인 안ㅁ의 가운데를 관통ㅣ함을 나타내는 지사문자 혹은 씨족사회를 상징하는 '깃발幟'을 의미한다.[167] 나아가 중은 치우침偏과 구별되면서도 다른 것들과 '알맞은 상태에 놓여 있는 것슴宜'을 말한다. 결국 '중'이란 자-타, 내-외의 연관성에서 판단되고 설정되는 것으로, 자기 변동에 따라 외변의 한계가 달라지고, 또한 외변의 변이에 따라 중의 위치도 옮겨질 수 있기 때문에 항상 고정된 어떤 것일 수는 없다. 그리하여 『중용』에서는 '중' 개념을 중용의 중, 중화의 중, 시중의 중이라는 세 측면에서 제시한다.[168]

먼저 중용의 중이란 광야에서 사람들을 불러 모으는 표지로서의 깃발 혹은 저울추錘로 저울질權하는 데서 중심中心이 되는 '표준'을 의미한다. 이를 풀이하여 정자程子는 "치우치지 않는 것을 중이라 하고, 바뀌지 않는 것을 용이라 한다. 중은 천하의 바른 도리이고, 용은 천하의 일정한 이치다"라고 해석했다. 또한 주자는 "중은 치우치지 않고不偏, 기울지도 않으며不倚, 지나치거나 모자람이 없음을 명명한 것이고, 용은 공평하고 떳떳함이다"[169]라고 좀 더 명확하게 해석했다. 이런 의미에서 중은 명사로서 최고 경지 또는 최고 윤리, 모든 것의 큰 근본이자 바른 도리라고 할 수 있다. 이것을 얻었을 때 모든 면에 알맞게 변화해갈 수 있는 위치를 확보하게 된다. 그리고 주자의 해석에서 치우치지 않음이란 원의 중심처럼 모든 둘레와 조화를 이룬 상태를 나타내고, 기울지 않음은 평형을 이루는 저울추처럼 균형을 찾는 것을 말하는데, 이처럼 조화와 균형을 함께 추구하여 이루는 것이 바로 '중'이다. 그리고 '지나침과 모자람이 없음'이란 이러한 조화와 균형에 이르지 못하거나 넘어섬이 없음을 의미한다.

중화中和의 중은 균형 혹은 평형의 중이다. 이는『중용』에서 "기쁨, 성냄, 슬픔, 즐거움의 감정이 아직 피어나지 않는 것을 일러 중이라 하고, 감정이 피어나 모두 절도에 맞는 상태를 화라고 한다"는 데서 드러나 있다. 여기서 중은 동사로서 항상 자아의 표현이 모든 것과 균형을 이루도록 노력하는 상태다. 평형에서 평平은 '일一'을 의미하고未發之中, 형衡은 저울대를 의미한다. 저울대는 '일一'의 모양을 이루어 균형 상태에 이른다. 따라서 평형 혹은 균형의 논리로서 중화는 최고 논리에 도달한 뒤 거기서부터 최적의 논리가 이루어짐을 말한다. 기실 모든 자연현상과 만물은 일시적으로 불균형 상태에 있을 수 있지만, 모두가 평형 혹은 균형을 추구한다고 할 수 있다.

마지막으로 시중時中의 중은 조화다. 이에 대해서『중용』은 우선 '군자의 시중'을 말하고 나서 안(주체)과 밖(객체)을 합하는 도로서 '시조지의時措之宜'를 논한다.

성誠이란 자기를 이룰 뿐만 아니라 타자를 이루는 것이다. 자기를 이루는 것은 인仁이고, 타자를 이루는 것을 지혜니, 성품의 덕이라 내외를 합한 도다. 그러므로 때로 둠이 마땅함이다時措之宜..[170]

조화란 본래 음악의 술어로서(조調는 물체의 요동, 음악의 가락을 의미한다) 곡조의 협화協和를 의미하는데, 각자의 개성이 발휘되면서 그 개성이 어울려 하나의 장엄한 전체를 구성하는 것을 말한다. 평형-균형의 중화는 반드시 '일一' 즉 균형의 상태에 놓여 있어야 하지만, 조화의 시중은 일정한 것이 아니라 오히려 다양성과 부제성不齊性을 바탕으로 각자의 직분과 공능을 최선으로 발휘해 전체적인 조화를 이루는 것을 말한다. 공자의 언명을 살펴보자.

초야에 은둔한 인재로는 백이, 숙제, 우중, 이일, 주장, 유하혜, 소련이 있다. 공자께서 말씀하셨다. "그 뜻을 굽히지 않고, 그 몸을 욕되게 하지 않은 이는 백이와 숙제다." 유하혜와 소련에 대해서는 평하시길, "뜻을 굽히고 몸을 욕되게 했으나, 말은 윤리에 맞고 행위는 사려에 맞았으니 그들은 이와 같을 따름이다"라고 하셨다. 우중과 이일에 대해서는 평하시길, "은거하면서 꺼리지 않고 말했지만, 몸가짐은 깨끗함에 맞았고, 폐기된 것도 권도權道에 맞았다. 그러나 나는 이들과 달라 가한 것도 없고 불가한 것도 없다"고 하셨다.[171]

여기서 공자가 말하는 시중時中의 도는 성인의 경지다. '가함도 불가함도 없는' 것은 "사사로운 의지와 기필코 하는 마음과 옛것에 갇힌 고집, 삿된 이상이 자연히 없어져서"[172] "마음이 하고자 하는 바를 좇아도 법도를 넘지 않고"[173] "억지로 힘쓰지 않아도 알맞고, 따지지 않아도 터득하고, 넉넉하게 도에 적중하는"[174] 경지다. 그래서 맹자는 이러한 공자를 백이의 성스러움 중 깨끗한 사람聖之淸者, 이윤의 성스러움을 자임한 사람聖之任者, 유하혜처럼 성스러움의 조화를 이룬 사람聖之和者을 종합한 집대성자로서 '성스러움 중 때에 알맞은 사람聖之時者'이라고 불렀던 것이다. 그리고 집대성자로서 공자를 조리條理를 시작하는 지혜와 조리를 끝내는 성스러움을 함께 갖춘 자로 평가했다.[175]

요컨대 도덕의 표준인 하늘을 본받아 중용을 실천하고, 중화를 이루며, 시중의 삶을 영위하려고 한 유가의 이념은 궁극적인 표준을 확보하고, 최적의 평형과 균형을 추구하면서, 시의時宜에 부합하는 조화로운 최상-최선의 삶을 자유자재로 영위하는 것을 목적으로 한다. 그것은 단순히 산술적 중간을 의미하는 것이 아니고, 시속에 영합하는 것도 아니며, '존재의 이치所以然之故'와 '존재의 당위所當然之則'에 부합하는 그야말로 순리와 합리의 삶을 영위하려는 것이었다. 바로 이 점에서 산술적 평균으로서의 중에만 집착하는 것은 하나만 들어서 백 가지를 폐했다고 할 수 있는 것이다.

【순자 1】 원문 13

하늘은 춘하추동 사시의 변화를, 땅은 깊이 간직한 재원을, 그리고 인간은 사물을 다스리는 방법을 가지고 있다. 대저 이를

소유의 욕망, 이란 무엇인가

일러 인간이 천지와 나란히 참여하여 셋이 되는 것能參이라고
한다.

「천론天論」

하늘을 위대한 것으로 여겨 사모하는 것과 만물을 기르고 다스
리는 것 중에서 어느 것이 더 낫겠는가? 하늘을 따르고 칭송하
는 것과 하늘이 명령한 것을 다스리고 이용하는 것 중 어느 것이
더 낫겠는가? 절기를 바라보며 기다리는 것과 절기에 응대하면
서 활용하는 것 중 어느 것이 더 낫겠는가? 만물을 자연에 맡겨
두고 많아지기를 기다리는 것과 능력을 다해 변화시키는 것 중
어느 것이 더 낫겠는가? (…) 그러므로 인간의 노력을 포기하여
하늘만 생각한다면 만물의 실정을 잃어버릴 것이다.

「천론」

나라란 천하의 이로운 연모이고, 임금이란 천하의 이로운 권세다.

「왕패王覇」

전국시대 말기의 순자는 공자와 맹자의 도덕적인 천 개념을 '물리적인
자연(천)'으로 변형시켜 또 다른 방식의 우주론 및 삼재론三才論을 전개했
다. 그는 "하늘의 운행에는 일정한 자연 법칙이 있는데"[176] 그 운행 법칙은
인간의 도덕성과 전혀 관계가 없다며 맹자의 천인합일적 세계관을 비판한

다. 즉 "하늘과 인간은 그 직분을 달리한다天人之分"고 주장함으로써 자연과학이 독립된 학문으로 형성될 수 있는 길을 열어놓았다. "하늘은 춘하추동 사시의 변화를, 땅은 깊이 간직한 재원을, 인간은 사물을 다스리는 방법을 가지고 있다"는 게 그의 삼재론이다.

이렇게 인간과 하늘의 직분을 구분한 순자는 인간이 하늘을 아는 것은 단지 자연현상에 한정되며, 하늘의 이치를 파악하는 목적은 인간의 삶을 향상시키는 데 있다고 주장한다. 즉 순자는 '이용후생'을 위해 "하늘을 제어하고 이용御天用天"해야 한다고 말하고 있다.

이러한 철학 체계에서 사용된 이 개념에는 '이용후생'의 의미가 가장 많다. 그런데 성악설을 주장한 세계관을 고려한다면, '이로움을 좋아하는 것好利'을 인간의 자연적 본성이라고 주장한 것이 가장 큰 특징이라고 할 수 있다. 유형별로 구분하여 살펴보자.

【순자 2】 원문 14

사람은 모두 배고프면 먹기를 바라고, 추우면 따뜻하기를 바라고, 피곤하면 쉬기를 바라고, 이로움을 좋아하나 해가 되는 것은 싫어한다. 이는 사람들이 나면서 지닌 것들이다. 이는 다른 영향을 받아 그렇게 된 것이 아니며, 우임금이나 걸임금이나 모두 같다.

「영욕榮辱」

사람의 본성은 악한 것이니, 그것을 선하게 만드는 것은 인위적인 노력이다. 지금 사람들의 본성은 나면서부터 이익을 좋아하는데, 이것을 따르기 때문에 쟁탈이 생기고 사양함이 없어진다. 사람은 나면서부터 질투하고 미워하는데, 이것을 따르기 때문에 남을 해치고 상하게 하는 일이 생기며 충성과 믿음이 없어진다. 사람은 나면서부터 귀와 눈의 욕망이 있어 아름다운 소리와 빛깔을 좋아하는데, 이것을 따르기 때문에 지나친 혼란이 생기고 예의와 아름다운 형식이 없어진다.

「성악性惡」

그런즉 예의와 법도는 성인의 작위에 의해 생겨나는 것이지 본디 사람의 본성으로부터 생겨나는 것이 아니다. 눈이 색깔을 좋아하고, 귀가 소리를 좋아하고, 입이 맛을 좋아하고, 마음이 이익을 좋아하고, 몸은 상쾌하고 편안함을 좋아하는데 이것은 모두 사람의 감정과 본성으로부터 생겨나는 것이다.

「성악」

대저 이익을 좋아하고 얻기를 바라는 것은 사람의 감정이요 본성이다. 가령 어떤 사람에게 형제가 있는데 재물을 나누어 갖게 되었다고 하자. 이때 다만 감정과 본성에 따른다면 이익을 좋아하고 얻기를 바라며 형제가 서로 성내며 다툴 것이다.

「성악」

맹자는 인간이 지니고 태어난 것 가운데 '추구할 만한 것'이 동물과 구별되는 본성이라고 했다. 한편 순자는 타고난 본성과 인위적인 노력을 다음과 같이 구분한다.

성性이란 선천적인 것으로 배울 수도 없고 노력할 수도 없는 것이다. 예의禮義란 성인이 만든 것으로 사람이 배워야 할 수 있고 노력해야 성취할 수 있는 것이다. 배울 수 없고 노력할 수도 없는 것으로 하늘에 달려 있는 것을 본성性이라 한다. 배워서 할 수 있고 노력하여 성취할 수 있는 것을 일러 인위僞라고 한다. 이것이 본성과 인위의 구분이다.[177]

본성과 인위를 이렇게 구분했기에 순자는 "예의와 법도는 성인의 인위로 생겨나는 것이지 본디 사람의 본성으로부터 생겨나는 것이 아니다. 눈이 색깔을 좋아하고, 귀가 소리를 좋아하고, 입이 맛을 좋아하고, 마음이 이익을 좋아하고, 몸은 상쾌하고 편안함을 좋아하는데 이것은 모두 사람의 감정과 본성으로부터 생겨나는 것이다"라고 말한다. 이렇게 순자는 본성의 개념에 1)감각 기관의 본능, 2)생리적 욕망, 3)심리적 반응 등을 열거하고 있다. 이러한 본성은 모두 동물과 공유하는 것으로 인간에게만 고유한 특성이 아니다. 그 고유한 특성을 순자는 작위의 노력에서 찾고 있다. 어쨌든 순자는 '이로움을 좋아하는 것好利'을 인간의 선천적인 본성이라고 말한다. 다만 그는 존재의 층위를 다음과 같이 구분한다.

물과 불은 기氣가 있으나 생명이 없고, 풀과 나무는 생명이 있으나 지각이 없고, 금수는 지각이 있으나 도의가 없다. 그런데 인간은 기, 생명, 지각 그리고 도의가 있다. 그러므로 인간이 천하에서 최고로 귀하다.[178]

순자는 인간만이 지닌 도의를 작위의 노력에서 찾고, 이 노력으로 인간적인 문화세계를 건설하는 것이 가능하다고 말한다.

【순자 3】 원문 15

타고난 자질과 본성 및 지능은 군자와 소인이 똑같다. 영예를 좋아하고 치욕을 싫어하며, 이로움을 좋아하고 해로움을 싫어하는 것도 군자와 소인이 똑같다. 그러나 그들이 추구하는 방법은 다르다.

「영욕」

영광과 치욕의 원리 및 편안함과 위태로움의 이롭고 해로운 원칙은 다음과 같다. 의로움을 앞세우고 이로움을 뒤로 미루는 사람은 영예롭고, 이로움을 앞세우고 의로움을 뒤로 미루는 사람은 치욕을 당한다. 영예로운 사람은 항상 형통하지만 치욕스런 사람은 언제나 궁하다. 형통하는 사람은 언제나 남을 제압하지만 궁한 자는 언제나 남에게 제압당한다. 이것이 영예와 치욕의 원리다. 성실한 사람은 언제나 편안하고 이롭지만, 방탕하고 사나운 자는 언제나 위태롭고 해를 입는다. 편안하고 이로운 사람은 언제나 즐겁고 평탄하지만, 위태롭고 해를 입는 자는 언제나 근심스럽고 험난하다. 즐겁고 평탄한 사람은 언제나 오래 살지만 험난한 자는 언제나 일찍 죽는다. 이것이 편안함과 위태로움의 이롭고 해로운 원칙이다.

「영욕」

힘든 일을 싫어하고 공리만을 좋아하며 직업에 분계가 없다면, 이런 경우에는 사람들이 자기만을 위한 일을 내세우는 환난이 생기고, 공로를 서로 다투는 재난이 생길 것이다.

「부국富國」

그러므로 속된 사람이 있고, 속된 선비가 있고, 우아한 선비가 있고, 위대한 선비가 있다. 학문을 하지도 않고 정의도 따르지 않으며, 부와 이로움만을 존중하는 자가 속된 선비다.

「유효儒效」

문란한 짓을 함부로 하고, 더럽고 지저분한 짓을 하며, 분수를 넘어 사리를 어지럽히고 교만하고 포악하며 이익을 탐하면, 이런 사람의 치욕은 안으로부터 나오는데, 바로 이런 것을 의로움에 의한 치욕이라고 한다.

「정론正論」

소유의 욕망, 이란 무엇인가

의로움으로 이로움을 제어할 수 없고, 인위적인 작위의 노력을 통해 본성을 꾸밀 수 없으면 일반 백성이라고 한다.

「정론」

사람이 구차하게 삶만을 찾는다면 반드시 죽게 될 것이다. 구차하게 이익만을 추구한다면 반드시 손해를 볼 것이다.

「예론禮論」

이로움을 지키려고 의로움을 버리는 사람을 도적이라고 한다.

「수신修身」

예로부터 전하는 말에 "군자는 외물을 부리지만, 소인은 외물에 부림을 당한다"고 한 것이 이를 뜻한다. 몸은 수고롭더라도 마음이 편안한 일이라면 하고, 이로움이 적더라도 의로움이 많은 일이라면 한다. 어지러운 나라의 임금을 섬겨 뜻대로 출세하는 것은 곤경에 빠진 나라의 임금을 섬기며 의로움을 따르는 것만 못하다.

「수신」

순자는 우선 "타고난 자질 및 이로움을 좋아하고 해로움을 싫어하는 것이 군자와 소인은 똑같다"고 전제한다. 그러나 그는 군자와 소인이 "영욕과 이해관계를 추구하는 방법은 다르다"고 말한다. 즉 "사람이 구차하게 삶만을 찾는다면 반드시 죽게 될 것이다. 구차하게 이익만을 추구한다면 반드시 손해를 볼 것이다."

그리고 안위安危와 이해의 원리는 성실한 사람은 언제나 편안하고 이롭지만, 방탕하고 사나운 자는 언제나 위태롭고 해를 입는다는 것이다. 이러한 원칙 아래 순자는 문란한 짓을 함부로 하고, 더럽고 지저분한 짓을 하며, 분수를 넘어 사리를 어지럽히고 교만하며 포악하고 이익을 탐하면, 이런 사람의 치욕은 안으로부터 나오는데, 바로 이런 것을 '의로움으로부터 당하는 치욕義辱'이라 했다. 이러한 원칙 아래 순자는 공자와 맹자의 소인/군자 구분을 그대로 계승하여 속된 사람이 있고, 속된 선비가 있고, 우아한 선비가 있고, 위대한 선비가 있다고 구분한다. 순자에 따르면 학문을 하지도 않으면서 부와 이로움만을 존중하는 자가 속된 선비다. 나아가 이로움을 지키려고 의로움을 버리는 사람은 도적이다. 도적은 소인 중의 소인이며 철저하게 외물에 부림을 당하는 인물이다.

【 순자 4 】 원문 16

나라란 천하의 이로운 도구이고, 임금이란 천하의 이로운 권세다.

「왕패」

나라라는 것은 크게 다스리면 커지고, 작게 다스리면 작아진다.

소유의 욕망, 이란 무엇인가

큰 것은 결국에는 왕이 되며 작은 것은 결국 망하고, 중간 것은 존속만 한다. 크게 다스리는 사람은 의로움을 앞세우고 이익을 뒤로 미루며, 친하고 친하지 않은 것을 가리지 않고, 귀하고 천한 것을 상관하지 않으며, 오직 진실로 능력 있는 사람을 구한다. 이를 크게 다스린다고 말하는 것이다. 작게 다스리는 사람은 이익을 앞세우고 의로움을 뒤로 미루며, 옳고 그른 것을 상관하지 않으며, 굽고 곧은 것을 따지지 않으며, 오직 아양 떨며 자기에게 친근하게 구는 사람을 등용한다. 이를 작게 다스리는 것이라고 말하는 것이다.

「왕패」

탕무는 정당한 도를 따라 정당한 뜻을 행하여 온전히 사람들 공동의 이익을 흥성케 하고, 온 천하 사람들의 공동의 해를 제거하여 천하가 그에게 귀복했던 것이다.

「왕패」

임금이 탐욕스럽고 이로움을 좋아하면 곧 신하와 여러 관리는 그를 이용하여 자기는 많은 양을 받고 남에게는 조금 주어 백성을 한도 없이 착취할 것이다. 그러므로 도량형기나 법칙 같은 것은 나라를 다스리는 말류의 수단이지 다스림의 근원이 아니다. 군자가 다스림의 근원인 것이다.

「군도君道」

그러므로 사직을 지닌 사람이 백성을 사랑하지 못하고 백성을 이롭게 하지 못하면서 백성이 자기와 친하기를 바라는 것은 있을 수 없는 일이다.

「군도」

임금이 예의를 높이고 현명한 이를 존중하면 왕자가 되고, 법을 중히 여기고 백성을 사랑하면 패자가 되고, 이익을 좋아하고 거짓이 많으면 위태로워지고, 권모술수를 쓰며 못되고 음흉한 일을 하면 망할 것이다.

「강국」

사람의 목숨은 하늘에 달려 있고, 나라의 운명은 예의에 달려 있다. 임금이 예의를 존중하고 현명한 사람을 귀하게 여기면 왕자가 되고, 법을 중시하고 백성을 사랑하면 패자가 되고, 이익을 좋아해 속임수를 많이 쓰면 위태로워지고, 권모술수를 쓰고 남을 무너뜨리며 음험한 일을 하면 망한다.

「천론」

무릇 임금이 예의를 숭상하고 현명한 이를 존중하면 왕자가 되고, 법을 중시하고 백성을 사랑하면 패자가 되지만, 이익을 좋아하고 속임수를 많이 쓰면 위태로워진다.

「대략大略」

소유의 욕망, 이란 무엇인가

의로움과 이로움은 사람이라면 둘 다 가지고 있는 것이다. 비록 요순과 같은 임금이라도 이로움을 바라는 백성의 마음을 없앨 수는 없다. 다만 이로움을 바라는 마음이 의로움을 좋아하는 마음을 이길 수 없게 하는 것이다. 비록 걸주라 하더라도 백성이 의로움을 좋아하는 마음을 없앨 수 없다. 다만 의로움을 좋아하는 마음이 이로움을 바라는 마음을 이길 수 없게 하는 것이다. 그러므로 의로움이 이로움을 이기는 나라는 잘 다스려지고, 이로움이 의로움을 이겨내는 나라는 어지러워진다. 위에서 의로움을 중히 여기면 곧 의로움이 이로움을 이기고, 위에서 이로움을 중히 여기면 곧 이로움이 의로움을 이겨낸다. 그러므로 천자는 많고 적은 것을 말해서는 안 되며, 제후는 이해관계를 말해서는 안 되고, 대부는 얻고 잃는 것을 말해서는 안 되며, 선비는 재물을 유통시켜 이윤을 추구하는 짓을 해서는 안 된다.

나라를 다스리는 임금은 소나 양을 길러 불리는 일을 하지 말아야 하고, 예물을 임금에게 바친 신하는 닭이나 돼지를 길러서는 안 되며, 상경이 된 사람은 집 울타리가 무너져도 손수 수리해서는 안 되고, 대부는 밭농사를 지어서는 안 된다. 선비 이상의 사람은 모두 이익을 추구하는 것을 부끄럽게 여기고, 백성과 사업의 경영으로 다투지 않아야 하며, 자기 것을 나누어주고 베푸는 일을 즐기되 재물을 쌓아두는 일은 부끄럽게 여겨야 한다. 그렇게 하면 백성은 재물 때문에 곤궁해지지 않고, 가난한 사람이 손을 놀려 일할 수 있다.

윗사람이 의로움을 좋아하면 백성은 누가 보지 않은 곳에서도 스스로를 닦지만, 윗사람이 부유함을 좋아하면 백성은 죽음으로 이익을 추구하게 된다. 이 두 가지는 나라가 다스려지고 어지러워지는 분기점이다.

「대략」

순자는 법가와는 달리 "도량형기나 법칙 같은 것은 나라를 다스리는 말류의 수단이지 다스림의 근원이 아니다. 군자가 다스림의 근원이다"라고 분명히 말했다. 왜냐하면 맹자가 이미 지적했듯이 "임금이 탐욕스럽고 이로움을 좋아하면 곧 신하와 여러 관리가 그를 이용해 백성을 한없이 착취"하기 때문이다.

순자가 볼 때 "의로움과 이로움은 사람이라면 둘 다 가지고 있는 것이다." 그렇기에 "지극히 성스러운 요순과 같은 임금이라도 이로움을 바라는 백성의 마음을 없앨 수는 없었다. 그러나 요순과 같은 임금은 백성이 이로움을 바라는 마음으로 하여금 의로움을 좋아하는 마음을 이길 수 없도록 정치를 했다. 나아가 가장 포악했던 걸주와 같은 임금들도 백성이 의로움을 좋아하는 마음을 없앨 수는 없었다. 그러나 걸주는 백성이 의로움을 좋아하는 마음으로 하여금 이로움을 바라는 마음을 이길 수 없게 만들고 말았던 것이다." 바로 이런 까닭에 "의로움이 이로움을 이기는 나라는 잘 다스려지는 치세가 되고, 이로움이 의로움을 이기는 나라는 잘 다스려지지 않는 난세가 된다.

이렇게 순자는 군주인 치자의 솔선수범을 중요시했다. 그런 까닭에 "위의 군주를 비롯한 위정자가 의로움을 중히 여기면 곧 의로움이 이로움을 이기고, 위에서 이로움을 중히 여기면 곧 이로움이 의로움을 이겨내게 된다"고 말한다. 또한 "윗사람이 의로움을 좋아하면 백성은 누가 보지 않은 곳에서도 스스로를 닦지만, 윗사람이 부유함을 좋아하면 백성은 죽음으로 이익을 추구하게 된다. 이 두 가지는 나라가 다스려지고 어지러워지는 분기점이다"라고 명확하게 말하고 있는 것이다. 이러한 관점에서 순자는 군주가 지향하는 것에 따라 다스림의 단계를 명확히 구분한다. 즉 "크게 다스리는 사람은 의로움을 앞세우고 이익을 뒤로 미루며, 작게 다스리는 사람은 이익을 앞세우고 의로움을 뒤로 미루며, 옳고 그른 것을 상관하지 않고, 굽고 곧은 것을 따지지 않는다는 것이다." 그러면서 순자는 "크게 다스리면 결국 왕자가 되고, 작게 다스리면 결국 망하며, 중간 것은 오직 존속만 한다"고 말한다. 그러므로 "무릇 임금이란 예의를 숭상하고 현명한 사람들을 존중하면 왕자가 되고, 법을 중시하고 백성을 사랑하면 패자가 되지만, 이익을 좋아하고 속임수를 많이 쓰면 위태롭게 된다"는 것이다.

예의란 귀하고 천한 등급을 매겨주며, 나이 많은 이와 적은 이에게 차등이 있게 하고, 가난하고 부유한 사람과 신분이 가볍고 무거운 사람에 따라 모두 어울리는 대우를 하는 것이다. (…) 선비 이상의 사람들은 반드시 예의와 음악으로 그들의 생활을 조절하고, 여러 백성은 반드시 법과 형벌로 그들을 제어해야 한다. 천하의 땅을 헤아려 제후들의 나라를 세워주고, 나라의 이익을 헤아려 백성을 양육하며, 사람들의 능력을 헤아려 할 일을 맡기는 것이다. 사람들이 틀림없이 맡은 일을 잘해내면 그들이 하는 일은 반드시 이로움을 가져오고, 그 이로움이 백성이 살아가는 데 충분하면 모든 사람이 입고 먹고 여러 가지 일에 쓰는 데에 지출과 수입의 균형이 잡혀, 반드시 남는 것이 있으면 그때마다 저장될 것이다. 이것을 잘 어울리게 하는 술수라 일컫는다. 그러므로 천자로부터 서민들에 이르기까지 일의 크고 작음이나, 많고 적음을 가지지 않고 이 방법을 써서 밀고 나가야 하는 것이다.

「부국」

결왕과 주왕은 사람들이 싫어하는 것을 잘했고, 탕임금과 무왕은 사람들이 좋아하는 일을 잘했다. 사람들이 싫어하는 것은 무엇인가? 바로 더럽고 속이며 남의 것을 다투며 빼앗고 이익을 탐하는 것이다. 사람들이 좋아하는 일이란 무엇인가? 바로 예의와 사양과 충성과 신의다.

「강국」

성왕의 법도를 논하면 무엇이 존귀한 것인지를 알게 되고, 의로움이 하는 일을 제어하면 무엇이 이익이 되는지를 알게 된다. 존귀하게 여길 것을 알게 되면 무엇을 양성할지를 알게 되고, 일을 하는 데 있어서 이익이 되는 것을 알면 곧 어디로 나아갈 것인가를 알게 된다. 이 두 가지가 옳고 그름의 근본이며 이익과 손해의 근원이 되는 것이다.

「군자君子」

제나라 환공이 관중을 대할 때에 나랏일이라면 어떤 의견이든 따르지 않은 것이 없었으니, 무엇이 이익이 되는가를 알았기 때문이다.

「군자」

탕무는 정당한 도를 따라 정당한 뜻을 행하여 온전히 사람들의 공동 이익을 흥성케 하고, 온 천하 사람들의 공동의 해를 제거하여 천하가 그에게 귀복했던 것이다.

「왕패」

나라를 다스리는 임금은 소나 양을 길러 불리는 일을 하지 말아야 하고, 예물을 임금에게 바친 신하는 닭이나 돼지를 길러서는 안 되며, 상경이 된 사람은 집 울타리가 무너져도 손수 수리해서는 안 되고, 대부는 밭농사를 지어서는 안 된다. 선비 신분 이상의 사람들은 모두 이익을 추구하는 것을 부끄럽게 여기고, 백성과 사업의 경영으로 다투지 않아야 하며, 자기 것을 나누어주고 베푸는 일을 즐기되 재물 쌓아두는 일은 부끄럽게 여겨야 한다. 그렇게 하면 백성은 재물 때문에 곤궁해지지 않고, 가난한 사람들은 그들의 손을 놀려 일할 수 있게 되는 것이다.

「대략」

사서에서는 군주가 해야 할 일이란 "백성에게 이로움이 되는 것을 인식하여 이롭게 해주는 것因民之利而利之"이라고 규정했다. 순자 또한 이 점을 충실히 이어받은 유학자였다. 그리하여 순자는 "걸왕과 주왕은 사람들이 싫어하는 것을 잘했고, 탕임금과 무왕은 사람들이 좋아하는 일을 잘했다"고 하면서 "탕무는 정당한 도를 따라 정당한 뜻을 행하여 온전히 사람들의 공동 이익을 흥성케 하고, 온 천하 사람들의 공동의 해를 제거하여 천하가 그에게 귀복했다"고 말한다.

나아가 『대학』에서 말하고 있듯이 군주를 위시한 위정자들은 "의로움을 자신의 이로움으로 여겨야 한다以義爲利"고 한 것을 잘 계승해, 국가 혹은 백성의 이로움이란 의로움을 잘 실천했을 때 최상으로 귀결됨을 분명히 하고 있다. "그래서 그는 성왕의 법도를 논하면 무엇이 존귀한 것인지를 알게 되고, 의로움이 하는 일을 제어하면 무엇이 이익이 되는지를 알게 된다. 존귀하게 여길 것을 알게 되면 무엇을 양성할지를 알게 되고, 일을 하는 데 있어서 이익이 되는 것을 알면 곧 어디로 나아갈 것인가를 알게 된

소유의 욕망, 이란 무엇인가

다. 이 두 가지가 옳고 그름의 근본이며 이익과 손해의 근원이 된다"고 말
하고 있다. 또한 순자는 『대학』의 분업 체계를 그대로 수용하고 있다. "나
라를 다스리는 임금은 소나 양을 길러 불리는 일을 하지 말아야 하고, 예
물을 임금에게 바친 신하는 닭이나 돼지를 길러서는 안 되며, 상경이 된
사람은 집 울타리가 무너져도 손수 수리해서는 안 되고, 대부는 밭농사를
지어서는 안 된다. 선비 신분 이상의 사람들은 모두 이익을 추구하는 것을
부끄럽게 여기고, 백성과 사업 경영을 두고 다투지 않아야 하며, 자기 것을
나누어주고 베푸는 일을 즐기되 재물 쌓아두는 일은 부끄럽게 여겨야 한
다." 바로 이렇게 할 때 "백성은 재물 때문에 곤궁해지지 않고, 가난한 사람
들은 그들의 손을 놀려 일할 수 있게 된다"고 말하고 있다.

어진 사람은 그 도를 바르게 하고 그 이로움을 도모하지 않으며,
이 이치를 닦고 그 공을 급하게 여기지 않으며, 무위를 이뤄 습
속을 크게 변화시키니, 어질고 성스럽다고 할 수 있다.

「대교서왕월대부부득위인對膠西王越大夫不得爲仁」

하늘이 사람을 낳음에, 사람에게 의로움과 이로움을 행하게 했
다. 이로움은 사람의 몸을 기르는 것이며, 의로움은 사람의 마
음을 기르는 것이다. 마음은 의로움을 얻지 못하면 즐거울 수 없

고, 몸은 이로움을 얻지 못하면 편안할 수 없다. 의로움이란 마음을 양성하는 것이고, 이로움은 몸을 양성하는 것이다. 신체에서는 마음보다 귀한 것이 없다. 그러므로 양성할 때 의로움보다 더 귀중한 것은 없고, 의로움이 사람을 양성하는 것이 이로움보다 크다. 대저 사람은 의로움이 있으면 비록 빈한하다 할지라도 능히 스스로 즐거울 수 있으며, 크게 의로움이 없으면 비록 부유하다 할지라도 스스로를 보존할 수 없다. 나는 이러한 사실로 미루어보아, 의로움이 사람을 기르는 것이 이로움보다 크고 재물보다 두텁다고 생각한다. 사람들은 이것을 알지 못하여 항상 그와 반대로 행한다. 그래서 모두가 의로움은 잊고 이로움에 따르며 이치를 버리고 사악함에 달려들어, 그 몸을 해치고 그 집안에 화가 미치게 한다. 이는 사람들의 계획이 충실하지 못한 것이 아니라, 지혜가 밝지 못하기 때문이다.

「신지양중어의身之養重於義」

법가사상을 기반으로 전국시대를 통일한(기원전 221) 진나라는 분서갱유와 같은 가혹한 정치를 펼치다가 학정에 대한 반란으로 15년 만에 멸망하고, 한나라(기원전 206~기원후 220)가 다시 통일 제국을 세웠다. 한나라는 진나라의 실패를 교훈으로 삼고, 유교를 국가 이념으로 했다. 한대 유교의 토대를 정립한 인물이 바로 무제 때의 동중서董仲舒(기원전 179~기원전 104)였다.

동중서가 정립한 궁극자로서의 하늘은 지성과 의지를 지닌 주재천主宰天의 성격을 지닌다. 그는 지성과 의지를 인격적인 주재천을 바탕으로 하면서, 이른바 하늘과 사람은 서로 감응한다는 학설(천인상감설天人相感說)을 정립했다.

동중서에 따르면, "도의 큰 근원은 하늘에서 유래했으며, 하늘이 변하지 않듯이 도 또한 변하지 않는다."[179] 이렇게 불변하는 도의 이념을 염두에 두면서 그는 강상綱常의 윤리로서 삼강三綱 개념을 정립한다. 삼강이란 바로 "군주는 신하의 벼리이고君爲臣綱, 부모는 자식의 벼리이며父爲子綱, 지아비는 지어미의 벼리다夫爲婦綱"라는 것이다. 이러한 삼강의 윤리는 유교의 수직적 인간관계의 원리를 대변하는 것으로, 호혜·상무·수평적 원리였던 맹자의 오륜 이념과 서로 보완되기도 하고 대립되기도 하는 것으로, 지배 이데올로기로서 역할했다.

앞서 인용한 구절에서 볼 수 있듯이 동중서는 독특한 방식으로 이로움과 의로움에 대한 형이상학적 정초를 시도하고 있다. 그는 이로움과 의로움을 심신의 양성과 결부시켰다. 그래서 "하늘이 사람을 낳음에 사람에게 의로움과 이로움을 행하게 했다. 이로움은 사람의 몸을 기르는 것이며, 의로움은 사람의 마음을 기르는 것이다. 마음은 의로움을 얻지 못하면 즐거울 수 없고, 몸은 이로움을 얻지 못하면 편안할 수 없다"고 말한다. 나아가 동중서 또한 맹자와 마찬가지로 마음의 존귀함, 이로움에 대한 의로움의 우위를 인정한다. 그래서 "신체에서 마음보다 귀한 것은 없다. 그러므로 양성할 때 의로움보다 더 귀한 것은 없고, 의로움이 사람을 양성하는 것이 이로움보다 크다"고 보았다. 그 근거는 다음과 같다. 사람은 의로움이 있으면 빈한하다고 할지라도 능히 스스로 즐거울 수 있다. 크게 의로움이 없으면 비록 부유하다고 할지라도 스스로를 보존할 수 없다. 그렇지만 일반 사람은 지혜가 어두워 이러한 원리를 모르기 때문에 대부분 몸의 이로움을 도모해 결국에는 그 몸을 해치고, 집안의 화를 불러일으키고 만다. 그래서 동중서는 "어진 사람은 그 도를 바르게 하고 그 이로움을 도모하지 않는다"고 하여, 공자에게서 유래한 '의리를 지향하는 군자와 이로움을 지향하는 소인'의 변별을 받아들인다.

【춘추번로 2】 원문 19

하늘의 도는 많은 정기를 쌓아서 빛을 발하고, 성인은 많은 선을 쌓아서 공을 이룬다. 그러므로 일월의 밝음은 하나의 정기가 밝은 것이 아니고, 성인이 태평성대를 이루는 것은 하나의 선이 이룬 공이 아니다. 밝음이 드러난 것을 가지고 근원을 삼을 수 없고, 선이 나타난 것을 가지고 단서로 삼을 수는 없다. 세력을 헤아리고 표준을 수립하고 사실에 의거하여 의로움을 제정한다. 그러므로 성인이 천하를 위하여 이로움을 일으키는 것은 봄의 기운이 풀이 생겨나게 하는 것과 같으니, 각각 그 생겨난 것의 작고 큼에 근거하여 그 많고 적음을 헤아린다. 성인이 천하를 위하여 해로움을 제거하는 것은 냇물과 도랑물이 바다로 흘러들어가는 것과 같으니, 각각 그 지세의 기울어짐에 따라 남쪽으로,

북쪽으로 흘러들어간다. 그러므로 흐르는 것은 달라도 돌아가는 것은 같고, 베푸는 것은 달라도 덕은 고르니, 이로움을 일으키고 해로움을 제거하는 데로 나아가는 취지는 하나다. 따라서 이로움을 일으키는 요지는 그것을 이루는 데 있지 많고 적음에 있는 것은 아니다. 해로움을 제거하는 요지는 그것을 제거하는 데 있지 남북 방향에 있는 것이 아니다.

「고공명考功名」

옛 성인은 하늘의 뜻이 사람을 두텁게 만드는 것을 보았다. 그러므로 정사를 펴면서 천하를 다스릴 때 반드시 모두를 이롭게 했다.

「제후諸侯」

하늘은 항상 사랑하고 이롭게 하는 것을 의지로 삼고, 양육하고 장성하게 하는 것을 일로 삼으니, 봄·여름·가을·겨울은 모두 하늘의 작용이다. 임금 또한 항상 천하 사람들을 사랑하고 이롭게 하는 것을 뜻으로 삼고, 온 세상을 안락하게 하는 것을 일로 삼으니, 좋아하고 싫어하고, 기뻐하고 성내는 것에도 운용의 원리가 갖춰져 있다. 그러나 임금의 좋아하고 싫어함, 기뻐하고 성냄은 곧 하늘의 봄·여름·가을·겨울이니, 그것은 따뜻함과 시원함, 추위와 더위를 갖추고 변화하여 공을 이룬다. 하늘이 이 네 가지를 낸 것은 때에 맞으면 시대가 아름답고, 때에 맞지 않으

면 시대가 추하다는 것이다. 사람이 이 네 가지를 내는 것은 의
로우면 세상은 다스려지고, 의롭지 않으면 세상은 어지러워지기
때문이다.

「왕도통삼王道通三」

위의 글 또한 의지적인 주재천을 궁극자로 정립하면서 천인감응설을
주장했던 동중서의 입장을 잘 드러낸다. 요컨대 "하늘은 만물을 항상 사
랑하고 이롭게 하는 것을 의지로 삼고, 양육하고 장성하게 하는 것을 일
로 삼아 봄·여름·가을·겨울로 진행된다. 이를 본받은 임금 또한 항상 천
하 사람들을 사랑하며 이롭게 하는 것을 뜻으로 삼고, 온 세상을 안락하
게 하는 것을 일로 삼으니, 좋아하고 싫어함, 기뻐하고 성냄에 운용의 원리
가 갖추어져 있다"는 것이다. 사계로 운용되는 하늘이 때에 맞게 따뜻함과
시원함, 추위와 더위를 갖추고 변화하여 공을 이루듯이, 임금 또한 좋아하
고 싫어함, 기뻐하고 성냄을 알맞게 배합하여 정치를 베풀어야 한다. 요컨
대 "성인은 세력을 헤아리고 표준을 수립하며 사실에 의거하여 의로움을
제정하는데, 천하를 위하여 이로움을 일으키는 것은 봄의 기운이 풀이 생
겨나게 하는 것과 같이 하여, 각각 그 생겨난 것의 작고 큼에 근거하여 그
많고 적음을 헤아린다"는 것이다. 그런데 성인이 천하 사람들을 모두 이롭
게 하는 근본 원리는 "임금이 의로우면 치세가 되고, 임금이 의로움을 망
각하고 자신의 이로움만 추구하면 난세가 된다"는 것이다. 동중서의 이 말
은 곧 『대학』과 『맹자』에서 말했듯이, "임금은 자신의 이로움으로 이로움

소유의 욕망, 이란 무엇인가

을 삼지 않고, 의로움으로 자신의 이로움으로 삼는다" 혹은 "백성의 이로움을 자신의 이로움으로 삼아 백성을 이롭게 해준다"는 말을 계승했음을 보여준다.

의義와 이利는 상대적인 것이지만, 실상은 상반되는 것이다. 의에서 벗어나면 바로 이로 들어간다. 의와 이 사이의 거리는 아주 미세하니 학자들은 마땅히 정밀하게 살펴봐야 한다. 글의 뜻으로 말하자면, 의는 하늘의 이치의 마땅한 것이다. 이는 인간의 감정이 욕망하는 것인데, 욕망한다는 것은 소유하기를 바라는 것이다. 여기에서 더 나아가 추론해보면, 하늘의 이치의 마땅한 것은 곧 인간의 감정이 욕망한 것이 아니며, 인간의 감정이 욕망한 것은 하늘의 이치의 마땅함에 부합하지 않는다. 하늘의 이치의 마땅한 것은 곧 마땅히 그래야만 하기에 그러한 것이지 작위로 그렇게 하는 것이 아니다. 반면 인간의 감정이 욕망하는 것은 마땅히 그래야만 하는데 그렇게 하는 것이 아니라, 작위하는 것이 있어 그렇게 하는 것이다. 하늘의 이치의 마땅한 것은 공의로움이고, 사람의 감정이 욕망하는 것은 사사로움이다. 예를 들면 재화, 명성과 지위, 작록 등은 특히 이利 중에서 조잡한 것이다. 강함과 약함, 많음과 적음을 계산하고 비교하는 것은 이다. 자기 편의를 취하는 것 역시 이다. 명성을 구하고 효과를 기대하는 것, 자신의 사사로움에 따르는 것, 인간의 감정에 따라 하는 것, 외적인 것을 숭상하는 마음이 있는 것 등은 모두 이다. 그런데 재화, 명성과 지위, 작록 또한 곧바로 이라고 할 수 없으며, 단지 하나의 사물로 보아야 한다. 하지만 사람들은 이런 것들 때문에 쉽게 이에 빠진다.

옛사람들은 백성에게 세금을 취할 때 오직 정전법에 의해 10분의 1만 거뒀다. 이는 천하 국가의 경상비로 쓰기 위해 취한 것으로 필수 불가결하다. 그 나머지 산림, 강, 연못 등은 모두 백성과 공유했고, 아무리 작은 것이라도 사사로이 취하여 자기 소유로 삼은 적이 없었다. 대개 성인이 나와 천하의 임금이 된 것은 천하의 여망에 부응하고자 한 것일 뿐, 천하를 자신의 이익으로 삼으려고 한 것은 아니었다. 그렇기 때문에 모든 일은 공적으로 대의 大義로서 그렇게 한 것이며, 천하의 땅을 나누어 수많은 나라로 삼고 덕과 공이 있는 사람들이 공유하게 했다. 왕의 땅은 1000리를, 공公과 후候는 100리를, 백伯은 70리를, 자子와 남男은 50리를, 일반 백성은 100묘의 전을 받았다. 맹자가 이르기를 '하나라도 의롭지 못한 일을 행하거나, 한 명이라도 무고한 사람을 죽인다면 천하를 얻는 일을 하지 않는다'[180]고 했는데, 이는 성인의 마음에 깃든 대의를 가장 잘 설명한 것이다. 천하란 지극히 큰 물건이지만, 하나의 의롭지 못한 일이나 무고한 사람은 지극히 미미한 것이다. 이렇게 지극히 미미한 것을 지극히 큰 것과 바꾸는 것을 달가워하지 않은 것에서 성인의 마음이 순수하게 의로우며, 한 점의 이로움에 대한 생각이 없음을 볼 수 있다. 후세에는 천하를 자기 사유물로 삼았으니, 자기 것으로 여겼다는 것은 이로움인 까닭에 그로부터 말미암는 모든 일은 곧 이로움을 의미하게 되었다. 봉건 조직과 공적이었던 천하의 대법大法이 무너지고 군현이 설치되었으니, 이는 천하의 권력을 총괄하여 자기에게 귀속시키고자 한 것으로, 더 이상 천하를 정전제에 따라 백성에게 나누어줄 수 없게 되었다. 백성은 스스로 밭을 사서 생계를 꾸리게 되었고, 관리들은 또 상인과 거간들에게 세를 물렸다. 여름과 가을의 수확에도 세를 물리고, 그 명색도 여러 가지여서 차, 소금, 술과 같이 백성이 사는 데 공통되고 긴급하게 필요한 것까지 모두 자기 소유물로 삼았다. 무릇 이와 같은 큰 항목에서조차 모두 자신의 사사로운 이익을 챙기려고 했을 뿐 한 점의 의로움도 없었다. 그 밖의 괴상한 속임수를 써서 자신의 사욕을 채우는 세세한 항목에 대해서는 더 이상 말할 필요도 없다.

배우는 사람 입장에서 논해보자. 예를 들면 재물은 사람들이 삶을 영위하는 데에 거의 빠뜨릴 수 없는 것으로, 마땅히 도모해야 할 것을 도모하고 취해야 할 것을 취하는 것은 의로움이다. 만약 교묘한 속임수 같은 그릇된 방법을 통해 도모하지 말아야 할 것을 도모하고, 취하지 말아야 할 것을 취하는 것은 이로움이다. 어떤 사람들은 이미 쓸 것이 충분한데도 그 이상의 부를 도모하는 데 지나치게 마음을 쓰는데, 이것은 물론 이로움이다. 또 어떤 사람은 태어날 때부터 충분히 부유하여 더 이상 부를 도모할 필요가 없어 이익을 추구할 필요가 없는 것처럼 보인다. 그러나 매우 인색하고 계산적이어서 마땅히 써야 할 긴급한 곳에서조차 한 푼도 내놓지 않는데, 이것은 더욱 심한 이利다. 만약 명성이나 지위, 작록 등은 바른 방법을 통해 얻고 사사로운 뜻을 품은 계산에 따라 얻지 않았다면 이것은 곧 의義다. 만약 정당한 방법이 아니라 사사로운 뜻과 계산하고 비교하여 취득했다면, 마땅히 취하지 말아야 할 것을 취한 것이다. 예를 들면 관직을 팔고 시험을 거치지 않은 채 돈으로 등용되고, 그릇된 방법으로 천거받기를 도모하고, 관직 때문에 뇌물을 주는 것 등은 모두가 이다. 또 예를 들면 만종의 녹을 예의를 변별하지 않고 궁실宮室, 처첩, 그리고 아는 사람이 궁핍하기 때문에 받는 것은 곧 이다.[181] 원사는 가재家宰가 되었을 때, 의로움에 비추어보면 마땅히 곡식 900석의 통상적인 녹봉을 받아야 한다. 그러나 많다고 여겨 사양했는데, 이는 이이지 의가 아니다.[182] 자하가 제나라에 사신의 장으로 갔을 때에 의에 비추어보면 마땅히 곡식을 청할 수 없었다. 그런데 염유는 곡식을 청했는데, 이는 이다.[183] 주공은 왕의 숙부로서 삼공三公의 지위에서 천하의 부를 향유했는데, 이는 의리상 마땅히 향유할 수 있는 것이다. 계씨는 노나라의 경卿이었는데 주공보다 부유했고, 과도하게 재산을 증식했으니 이는 이다.[184]

소유의 욕망, 이란 무엇인가

작위적인 의도가 있어 하는 경우를 살펴보자. 예를 들어 숭상받고 싶어 선을 행하고, 벌을 받을까 두려워서 악을 행하지 않은 것은 모두 이다. 수확하기 위하여 경작을 하고, 3년 후 좋은 밭을 얻기 위해 새 밭을 일구는 것은 곧 이다. 경작하면서 수확을 바라는 것도 이이고, 새 밭을 일구면서 3년 후의 좋은 밭을 바라는 것 역시 이다. 그래서 『주역』에서는 "경작하면서도 수확할 생각을 하지 않고, 밭을 일구면서도 3년이 되면 좋은 밭이 될 것이라고 의도하지 않는다"[185]고 말했다. 먼저 작위하는 것도 없고 차후에 바라는 것도 없으니, 이렇게 해야 비로소 의로움이 된다. (맹자가 말한 것처럼) "죽은 이에게 곡하고 슬퍼할 따름이니 살아 있는 이를 위해서 하는 것이 아니며, 떳떳한 덕을 지키고 굽히지 않은 것은 녹을 구하기 위한 것이 아니고, 말을 반드시 미덥게 하는 것은 행실을 바로잡기 위한 것이 아니다."[186] 이런 것들은 모두 마땅히 그래야 하기에 그렇게 하는 것이므로 의로움이다. 만약 살아 있는 이를 위해서 슬퍼하고, 녹을 구하기 위하여 굽히지 않고, 행실을 바로잡기 위하여 필시 미덥게 하는 것이라면, 이는 이다. 예를 들어 만약 어린아이가 우물에 들어가려고 할 때 마땅히 구해야 할 뿐만 아니라 측은해하는 것이 마음에서 저절로 생겨난다면, 이는 곧 의다. 만약 아이의 부모와 교제를 하고자 하거나 명예를 얻고자 하거나 잔인하다는 소리를 듣기 싫어서 그렇게 했다면, 이는 곧 이다.[187]

사사로움에서 계산하고 비교하는 경우를 살펴보자. 예를 들어 천하를 위한다고 하면서 부모의 상례에 인색하다면, 이는 곧 이다.[188] 제나라 임금이 희생으로 쓰는 소를 차마 보지 못하겠다고 한 것은 진실로 인한 마음의 발현이다. 그러나 소를 양으로 바꾸라고 한 것은 곧 이다.[189] 자공이 초하루를 고하는 데 쓰는 희생 양을 없애려고 했는데, 이는 무익한 비용을 계산하고 비교한 것으로 곧 이다. 공자께서 그 예의를 아끼시고 그 양을 아끼지 않는다고 했으니, 이는 곧 의로움이다.[190] 양혜왕이 (흉년 든 지방의) 백성을 이동시키고, (흉년이 들지 않은 지방의) 곡식을 옮긴 것은 백성의 많고 적음을 계산하고 비교한 것이니, 이는 이다.[191] 안연은 다른 사람이 침범해와도 따지지 않았다.[192] 만약 옳음과 그름, 이기고 지는 것을 계산하고 비교했다면 이 또한 이다. 혹 글을 논하면서 '나는 잘 썼고 너는 못 썼다'고 한다든가, 공을 논하면서 '내 공은 높고 네 공은 낮다'고 한다든가, 덕을 논하면서 '나는 우위이고 너는 열등하다'고 하는 것은 모두 이다.

자기 편의를 취하는 경우를 살펴보자. 작은 일, 예를 들면 함께 먹으면서 자신은 맛있는 음식만 골라 먹는 경우, 함께 거처하는데 자신은 편안한 곳만 선택하는 경우, 함께 물건을 구매하면서 더 나은 것을 취하려고 하는 경우, 이 모든 것은 이다. 큰일, 예를 들면 의로움을 버리고 생명을 부지하려고 하는 것은 진실로 사람들이 원하는 것이다. 그러나 의로움으로 보았을 때 마땅히 목숨을 바쳐야 하는 경우 의로움을 지키고 목숨을 바쳐야 할 것이니, 어찌 자기 편의에 맞지 않는다고 해서 사사로이 삶에 미련을 두겠는가? 예를 들면 양웅揚雄이 왕망王莽을 기꺼이 섬긴 것은 이미 잘못된 것이며, 후에 추포될 위기에 처하자 또한 문설주에서 뛰어내렸다. 이는 구차하게 살고자 하고 목숨을 아까워한 것이며, 의로움을 망각하고 이로움을 고려한 것이다. 위징魏徵이 건성建成을 배반하고 태종을 섬겼으며, 이릉李陵이 전쟁에서 패해 항복하여 포로가 된 것은 모두 의로움을 망각하고 목숨을 아까워하여 자기 편의를 취한 것이다.

사사롭게 명예를 구하는 경우를 살펴보자. 예를 들면 명예를 좋아하여 천승의 국가를 양보하는 경우,[193] 원한을 덕으로 갚음으로써 인자하고 후덕하다는 명예를 구하려고 하는 경우,[194] 중자仲子가 오릉에서 형과 어머니를 피하고 멀리함으로써 깨끗하다는 명예를 사려고 한 경우,[195] 미생고가 식초를 구하러 오자 이웃에게서 얻어다가 주었던 경우,[196] 아름다움을 노략질하여 은혜를 팔아 자기 것으로 귀속시키려고 한 것으로, 이는 모두 아름다움과 명예를 좇는 이다.

자신의 사사로움을 따르는 경우를 보자. 예를 들어 자기 일을 도모할 때에는 마음을 다하고, 다른 사람의 일을 도모할 때에는 마음을 다하지 않는 것은 이다. 예를 들면 제나라 임금이 색과 재물을 좋아하되 백성과 함께 하지 않은 것 또한 이다.[197] 무릇 부모와 자식, 임금과 신하, 지아비와 지어미, 형과 동생, 그리고 친구들 사이에서 조금이라도 자신의 사사로운 마음이 있고 하늘 이치의 마땅히 그래야 함에서 행하지 않는다면 모두가 이다. 비록 공적인 천하의 일을 하더라도 사사로운 마음에 의해 행한다면, 이 또한 이다.

인정人情에 따르는 경우를 보자. 무릇 일을 처리할 때에 이치의 당연함을 고찰하지 않고, 단지 인정에 따라 과감하게 결정하지 못하는 것은 곧 이다. 예를 들면 유종劉琮이 조조에게 항복하여 형주가 위魏나라의 땅이 되자, 당시 선주先主 유비는 근거지로 삼을 영지가 없어졌다. 그러니 공명이 형주를 취하여 왕업을 일으킬 터전으로 삼고자 한 것은 바른 대의로 마땅히 그래야만 하는 것이다. 그런데도 유비가 대의에 따라 결정하지 못하고, 도리어 유표劉表를 생각하는 사사로운 인정 때문에 차마 취하지 않았으니, 이는 이다.

효과를 바라는 경우를 살펴보자. 예를 들면 "먼저 고난을 겪고 난 후에 그 결과를 얻는 것",[198] '일을 먼저 처리하고 난 다음에 얻는 것'[199] 등은 모두 내 안에 있는 마땅히 그래야 하는 것을 먼저 다하고, 효과를 계산하지 않는 것이다. "어진 사람은 도를 밝히되 공로를 계산하지 않으며, 옳은 원리만 바로잡고 이익을 도모하지 않는다."[200] 한대 이래 동중서처럼 이 점에 대해 분명히 살펴본 사람은 없었다. 예를 들면 묘종을 억지로 뽑아올려 자라도록 돕는 것은 지나치게 빨리 효과를 기대하는 것이다.[201] 태종이 즉위하여 4년이 되어서 바깥문을 잠그지 않아도 쌀 한 말에 3전밖에 하지 않아[202] 소강을 이루었는데, 이를 인의를 행하여 이미 효과를 보았다고 말한 것은 곧 교만한 기색을 드러낸 것이다.

외적인 것을 숭상하는 경우를 살펴보자. 예를 들어 오늘날 과거시험을 보기 위한 공부는 모두 외적인 것을 숭상하는 것이다. 어릴 때부터 오로지 엮어 모으는 공부만 하여 과거시험에서 명성을 얻는 도구로 삼고, 백발이 되도록 계속하지만 자신에게 절실한 의리상의 공부는 전혀 없다. 혹 과거에 일찍 급제해도 오로지 잡문이나 써서 녹을 구하고 자리를 옮길 계획만 하니, 평생의 학문이 전부 허탕한 것이 되고 만다. "옛 학문은 자기를 정립하는 것이었지만, 오늘날의 학문은 다른 사람에게 인정받기 위한 것이다."[203] 자기를 정립하는 것은 외적인 것을 숭상함이 없지만, 다른 사람에게 인정받고자 하는 것은 외적인 것을 숭상함이 있으니, 이것이 바로 의로움과 이로움의 분별이다. 의로움과 이로움의 분별은 가장 분명히 해야 한다. 만약 분명하게 분별하지 않는다면, 의로움이 이로움과 유사해지고 이로움이 의로움과 유사해져서 모든 것이 모호하고 분명하지 않게 될 것이다. 그러면 말단으로 귀속되어 이로움에 떨어질 뿐, 더 이상 의로움이란 존재하지 않게 된다.

성리학이란 명칭은 '성명의리지학性命義理之學'의 준말이라고 할 수 있다. 여기서 '성명'이란 인간의 본성과 하늘의 명령을 뜻한다. 그런데 하늘이 명령하여 인간이 지니고 태어난 것을 인간의 본성이라고 한다는 점에서 천명과 본성은 결국 동일자의 다른 이름이라고 할 수 있다. 유교에서 하늘이 명령하여 인간이 지니고 태어난 본성의 덕은 다름 아닌 인의예지라고 할 수 있다. 앞서 말했듯이 유교의 원리에 따르면, 군자는 인간에게 내재적인 인의예지라고 하는 본성의 덕을 추구한다. 그러나 소인은 인간에게 내재적인 덕이 아니라 외재적인 것, 즉 재화, 명성, 지위, 작록 등과 같은 것을 추구한다. 그리고 군자가 추구하는 의리에 반대되는 것은 바로 소인이 추구하는 이로움 혹은 이익이라고 할 수 있다. 어쨌든 명칭에서 알 수 있듯이, 성명과 의리를 추구하는 성리학은 인간 본성에서 유래하는 내재적인 것과 인간 밖에 외재하는 감각적인 대상, 즉 의리와 이익을 가장 엄격하게 구분한 대표적인 유교의 사조라고 할 수 있다. 바로 이런 의미에서, 진순은 『성리자의性理字義』에서 "의와 이는 상대적인 것이지만, 실상은 상반되는 것이다. 의에서 벗어나면 바로 이로 들어간다"고 말하는 것이다.

성리학의 가장 큰 특색을 우리는 '유학의 형이상학적 정초'라고 할 수 있다. 성리학에서 유학의 형이상학적 정초 작업은 우주론뿐만 아니라 인간 본성론에서도 그대로 나타났다. 성리학적 인간 본성론에서는 기본적으로 맹자의 성선설을 정통으로 인정하면서 정자程子가 주장한 '성즉리性

卽理', 즉 인간의 본성이란 보편적인 '하늘의 이치'라고 말한다. 이런 의미에서 진순은 "의義라고 하는 것은 하늘의 이치로서 마땅한 것宜이다"라고 정의한다. 이와 대비되게 진순은 "이利란 인간의 감정이 욕망하여 소유하기를 바라는 것이다"라고 정의 내리고 있다. 의로움과 이로움을 이렇게 정의한 뒤 진순은 "하늘의 이치의 마땅한 것은 곧 인간의 감정이 욕망한 것이 아니며, 인간의 감정이 욕망한 것은 하늘의 이치의 마땅함에 부합하지 않는다"고 규정하고 있다.

그런데 진순은 하늘의 이치의 마땅한 것은 곧 마땅히 그래야만 하기에 그렇게 하는 것인 반면, 인간의 감정이 욕망하는 것은 마땅히 그래야만 하는데 그렇게 하는 것이 아니라, 작위하는 것이 있어 그렇게 하는 것이라고 말한다. 요컨대 하늘의 이치의 마땅한 것은 공의로움이고, 사람의 감정이 욕망하는 것은 사사로움이다. 바로 이런 이유에서 진순은 계산하고 비교하는 것, 자기 편의를 취하는 것, 명성을 구하고 효과를 기대하는 것, 자신의 사사로움에 따르는 것, 인간의 감정에 따라 하는 것, 그리고 외적인 것을 숭상하는 마음이 있는 것 등은 모두 이로움이지 의로움이 아니라고 말한다.

진순의 이러한 도덕적인 의로움과 현실적 실재로서의 이로움의 구분은 칸트가 『도덕 형이상학의 정초』에서 도덕성의 최고 원리를 탐색하고, 실천 철학에서 '보편적 타당성'을 갖는 윤리학을 가능케 하는 조건들을 이성적으로 반성 해명하려는 시도와 그 맥을 같이한다. 칸트는 이 책의 제1장 「도덕에 대한 평범한 이성 인식에서 철학적 인식으로 이행」하기 위한 장을 시작하면서 다음과 같이 선언한다.

이 세계 안에서뿐만 아니라 이 세상 밖에서도 무조건적으로 선하다고 간주할 수 있는 것은 오직 '선의지' 자체밖에 없다.[204]

여기서 '선의지'란 행위의 결과를 고려하거나 혹은 마음의 경향성에 따르는 것이 아니라, "선하다고 인식하는 바로 그것만을 선택하는 능력", 즉 단적으로 어떤 행위가 옳다는 이유만으로 그 행위를 선택하는 의지를 말한다. 그리고 바로 이 구절은 칸트가 윤리학의 기초를 흄처럼 인간 감정이나 정감 혹은 자연적 질서, 신의 의지나 계시, 그리고 행복에 대한 욕구 등에서 도덕의 원천을 구하려는 시도들을 '타율'로 간주하고 거부했다는 전거가 된다. 칸트가 말하는 타율이란 곧 앞의 인용문에서 진순이 말하는 '이로움'이라고 할 수 있다. 나아가 칸트는 "'선의지'는 타고난 건전한 오성에 이미 내재해 있기 때문에 배울 필요 없이 단지 일깨우기만 하면 되는 것으로, 우리의 모든 행위의 가치를 평가할 때 항상 상위에 처해 있고 다른 모든 가치의 근거가 된다"고 말하며, 이를 '의무' 개념과 연관시킨다.[205] 그래서 칸트는 "의무란 법칙에 대한 외경심에서 나온 행위의 필연성을 의미"[206]하는데, 선의지가 그 자체가 선한 이유는 "경향성이나 두려움 때문이 아니라 '의무이기 때문에'(의무에서 유래했기 때문에) 도덕적인 내용을 갖는다"[207]는 것이다.

그런데 "자연의 모든 것은 법칙에 따라 움직이며, 오직 이성적 존재만이 법칙에 대한 표상에 따라, 원칙에 따라 행할 능력을 갖는데, 그것이 의지다"[208]라고 규정하는 것에 비추어볼 때, 칸트가 말하는 '선의지'는 순수한 이성적 존재만이 가질 수 있는 '순수 실천이성'을 말한다. 신적인 완전자가 아니라 불완전한 인간의 의지는 주관적인 조건(외적 동기)들에 종속되기 때문에, "절대적으로 그리고 제한 없이 선하다고 불리기 위해" "의지를 객관적 법칙들에 맞게 결정하는 강요"가 필요한데, 이것이 의지에 대한 강요인 한 지시명령이라고 하며, 이 지시명령의 정식을 일컬어 '명령'이라고 한다.[209] 그런데 이 명령은 실천 법칙이 되기 위해서는 누구에게나 타당한 보편성과 무조건적으로 타당한 필연성을 지니는 '정언명법'이어야 한다. 그래서 칸트는 유일한 명령이자 무조건적으로 타당한 명령을 다음과 같이 제시한다.

> 그러므로 정언적 명령법은 단 하나뿐인데, 그 준칙을 통해서 네가 그것을 동시에 보편적인 법칙으로 삼으려고 할 수 있는 그런 준칙에 따라서만 행하라는 것이다. (…) 그렇기 때문에 의무에 관한 보편적인 명령법은 이렇게 말할 수도 있을 것이다. 마치 네 행위의 준칙이 네 의지에 의해 보편적인 자연 법칙이 되어야 할 것처럼 그렇게 행하라.[210]

이것이 바로 "보편성은 도덕법칙의 형식을 제공한다"고 하는 '보편법칙의 정식'이다. 이제 이러한 칸트의 논리를 통해 성리학적 윤리론을 조명해 보면 흥미로운 유비가 나타난다.

칸트는 "이성은 법칙으로부터 행위를 유발하기 위해서 요구되는 것이기 때문에, 의지는 단지 실천이성일 뿐이다" 혹은 "자연의 모든 것은 법칙에 따라 움직이며, 오직 이성적인 존재만이 법칙에 대한 표상에 따라, 원칙에 따라 행하는 능력을 갖는데 그것이 의지다"라고 말한다. 그런데 이 '의지'란 성리학에서 "마음이 본성性과 감정情을 갖추고, 본성과 감정을 총괄한다心統性情"고 말할 때의 이 '마음'이 지니는 두 측면인 지知와 의意 가운데 '의營爲'에 포섭될 수 있는 개념이라고 판단된다.[211] 여기서 "지와 의는 모두 마음에서 나오는 것으로, 지는 구별하여 아는 것을 주관하는 것이고, 의란 경영하고 실천하는 것을 주관하는 것"이다. 여기서 주자가 말하는 마음의 두 측면, 즉 지(별지別識)와 의(영위營爲)는 칸트에게서 이론이성과 실천이성(의지)에 유비될 수 있다. 칸트 또한 이론이성과 실천이성은 별개의 이성이 아니라 동일한 것으로, 이 둘은 이성의 적용(이론적 사용과 실천적 사용)에 관련해서만 구별된다고 본다. 그리하여 그는 다음과 같이 말한다.

순수 실천이성의 비판은 순수 사변이성의 비판만큼 그다지 필요하지 않다. 왜냐하면 인간 이성을 이론적으로 순수하게 사용할 때는 변증적이지만, 도덕적인 것에서는 아주 평범한 지성이라고 해도 쉽게 정확하고 충분하게 사용할 수 있기 때문이다. 다른 한편 나는 순수 실천이상의 비판이 완성될 경우, 그것이 실천이성과 사변이성이 공통의 원칙 안에서 하나임을 보여줄 수 있기를 희망한다. 왜냐하면 결국은 적용될 때만 구별될 뿐인, 동일한 하나의 이성만이 있기 때문이다.[212]

나아가 칸트가 "무조건적으로 선하다고 간주하는 '선의지', 즉 행위의 결과를 고려하지 않고 "선하다고 인식하는 바로 그것만을 선택하는 능력"으로 "이미 내재해 있기 때문에 배울 필요는 없고 일깨우기만 하면 되는" "의지를 객관적인 법칙들에 맞게 결정하는 강요(자기 강제)"는 바로 성리학

소유의 욕망, 이란 무엇인가

이 말하는 도심道心으로 곧 이것이 진순이 말하는 의로움에 해당된다. 그리고 칸트가 인간의 의지가 "그 자체로 온전하게 이성과 맞지 않아 주관적인 조건들" 곧 외적 동기들에 종속되는 경우를 들고 있는데, 이때 칸트가 말하는 의지는 바로 성리학에서 말하는 인심으로 이에 따르는 것이 '이로움'이라고 할 수 있다. 그리고 진순이 구분한 "하늘의 이치의 마땅한 것으로서의 의로움과 인간의 감정이 욕망하고 소유하기를 바라는 이로움"은 칸트에게서 정언명법과 가언명법의 구별과 그 맥락을 같이한다. 즉 의로움은 무조건적 명령의 형식을 지니지만, 계산하고 헤아리는 마음에서 나온 이로움은 조건문의 형식을 지닌다는 것이다. 여기서 우리는 동서 철학에서 가장 엄격하게 도덕적인 의로움과 현실의 이로움을 구분한 철학의 전형을 볼 수 있다.

2장 원전과 함께 읽는 이

3장

利

원문

利

【 설문해자 】 원문 1

利 銛也. 從刀. 和然後利 從和省.『易』曰: 利者 義之和也.
「利」

【 서경 】 원문 2

禹曰 "於 帝念哉. 德惟善政, 政在養民, 水火金木土穀惟修, 正德利用厚生惟和. 九功惟敍, 九敍惟歌. 戒之用休, 董之用威, 勸之以九歌, 俾勿壞."
「大禹謨」

【 주역 】 원문 3

乾. 元亨利貞 (…) 元者, 善之長也, 亨者, 嘉之會也, 利者, 義之和也, 貞者, 事之幹也. 君子體仁足以長人, 嘉會足以合禮, 利物足以和義, 貞固足以幹事. 君子行此四德者, 故曰"乾, 元, 亨, 利, 貞."
「文言傳」

【 논어 1 】 원문 4

子貢問爲仁 子曰 "工欲善其事 必先利其器 居是邦也 事其大夫

173
원문

賢者 友其士之仁者."

「衛靈公」

【 논어 2 】 원문 5

子曰 不仁者 不可以久處約 不可以長處樂 仁者 安仁 知者 利仁.

「里仁」

【 논어 3 】 원문 6

放於利而行 多怨.

子路問成人 子曰 "若臧武仲之知 公綽之不欲 卞莊子之勇 冉求
之藝 文之以禮樂 亦可以爲成人矣." 曰 "今之成人者 何必然 見利
思義 見危授命 久要 不忘平生之言." 君子喩於義 小人喩於利. 子
罕言利與命與仁.

「里仁」

【 논어 4 】 원문 7

子夏爲莒父宰 問政 子曰 無欲速 無見小利 欲速則不達 見小利則
大事不成.

「子路」

子張問於孔子曰 何如 斯可以從政矣 子曰 尊五美 屛四惡 斯可以

從政矣 子張曰 何謂五美 子曰 君子惠而不費 勞而不怨 欲而不貪
泰而不驕 威而不猛 子張曰 何謂惠而不費 子曰 因民之所利而利
之 斯不亦惠而不費乎 擇可勞而勞之 又誰怨 欲仁而得仁 又焉貪
君子無衆寡 無小大 無敢慢 斯不亦泰而不驕乎 君子 正其衣冠
尊其瞻視 儼然人望而畏之 斯不亦威而不猛乎.
「堯曰」

子張曰 何謂四惡 子曰 不敎而殺 謂之虐 不戒視成 謂之暴 慢令
致期 謂之賊 猶之與人也 出納之吝 謂之有司.
「堯曰」

【 중용 1 】 원문 8
天下之達道五 所以行之者三 曰君臣也 父子也 夫婦也 昆弟也 朋
友之交也 五者 天下之達道也 知仁勇三者 天下之達德也 所以行
之者 一也 或生而知之 或學而知之 或困而知之 及其知之 一也
或安而行之 或利而行之 或勉強而行之 及其成功 一也.
「哀公問政」

【 대학 1 】 원문 9
君子先愼乎德 有德此有人 有人此有土 有土此有財 有財此有用
先愼乎德 德者本也 財者末也 外本內末 爭民施奪 是故財聚則民
散 財散則民聚 (…) 孟獻子曰 畜馬乘 不察於鷄豚 伐氷之家 不畜

牛羊 百乘之家 不畜聚斂之臣 與其有聚 斂之臣 寧有盜臣 此謂
國不以利爲利 以義爲利也 長國家而務財用者 必自小人矣 彼爲
善之 小而之使爲國家 菑害 並至 雖有善者 亦無 如之何矣 此謂
國 不以利爲利 以義爲利也.
「子路問強」

【 맹자 1 】 원문 10

孟子曰 "鷄鳴而起 孶孶爲善者 舜之徒也 鷄鳴而起 孶孶爲利者
蹠之徒也 欲知舜與蹠之分 無他 利與善之間也."
「盡心 上」

【 맹자 2 】 원문 11

王曰叟不遠千里而來 亦將有以利吾國乎 孟子對曰 王何必曰利
亦有仁義而已矣 王曰何以利吾國 大夫曰何以利吾家 士庶人曰何
以利吾身 上下交征利而國危矣 萬乘之國殺其君者 必千乘之家
千乘之國殺其君者 必百乘之家 萬取千焉 千取百焉 不爲不多矣
苟爲後義而先利 不奪不饜 未有仁而遺其親者也 未有義而後其
君者也 王亦曰仁義而已矣 何必曰利.
「梁惠王 上」

宋牼 將至楚 孟子遇於石丘 曰先生 將何之 曰吾聞秦楚構兵 我
將見楚王 說而罷之 楚王 不悅 我將見秦王 說而罷之 二王我將有

소유의 욕망, 이란 무엇인가

所遇焉 曰軻也 請無問其詳 願聞其指 說之將如何 曰我將言其不
利也 曰先生之志則大矣 先生之號則不可 先生 以利 說秦楚之
王 秦楚之王 悅於利 以罷三軍之師 是三軍之士 樂罷而悅於利也
爲人臣者 懷利以事其君 爲人子者 懷利以事其父 爲人弟者 懷利
以事其兄 是君臣父子兄弟 終去仁義 懷利以相接 然而不亡者 未
之有也 先生 以仁義 說秦楚之王 秦楚之王 悅於仁義 而罷三軍
之師 是三軍之士 樂罷而悅於仁義也 爲人臣者 懷仁義以事其君
爲人子者 懷仁義以事其父 爲人弟者 懷仁義以事其兄 是君臣父
子兄弟 去利 懷仁義 以相接也 然而不王者 未之有也 何必曰利.
「告子 上」

【 맹자 3 】 원문 12

楊子 取爲我 拔一毛利而天下 不爲也 墨子 兼愛 摩頂放踵 利天
下 爲之 子莫 執中 執中 爲近之 執中無權 所惡執一者 爲其賊道
也 舉一而廢百也 所惡執一者 爲其賊道也 舉一而廢百也.
「盡心 上」

【 순자 1 】 원문 13

天有其時 地有其財 人有其治 夫是之謂能參.
「天論」

大天而思之, 孰與物畜而制之! 從天而頌之, 孰與制天命而用之望時而待之, 孰與應時而使之 因物而多之, 孰與騁能而化之 思物而物之, 孰與理物而勿失之也 願於物之所以生, 孰與有物之所以成! 故錯人而思天, 則失萬物之情.

「天論」

國者, 天下之利用也, 人主者, 天下之利埶也.

「王覇」

【 순자 2 】 원문 14

凡人有所一同: 飢而欲食, 寒而欲煖, 勞而欲息, 好利而惡害, 是人之所生而有也, 是無待而然者也, 是禹桀之所同也.

「榮辱」

人之性惡, 其善者僞也. 今人之性, 生而有好利焉, 順是, 故爭奪生而辭讓亡焉, 生而有疾惡焉, 順是, 故殘賊生而忠信亡焉, 生而有耳目之欲, 有好聲色焉, 順是, 故淫亂生而禮義文理亡焉.

「性惡」

然則禮義法度者, 是生於聖人之僞, 非故生於人之性也. 若夫目好色, 耳好聲, 口好味, 心好利; 骨體膚理好愉佚.

「性惡」

소유의 욕망, 이란 무엇인가

夫好利而欲得者, 此人之情性也. 假之人有弟兄資財而分者, 且順情性, 好利而欲得.

「性惡」

【 순자 3 】 원문 15

材性知能, 君子小人一也. 好榮惡辱, 好利惡害, 是君子小人之所同也, 若其所以求之之道則異矣.

「榮辱」

榮辱之大分, 安危利害之常體, 先義而後利者榮, 先利而後義者辱, 榮者常通, 辱者常窮, 通者常制人, 窮者常制於人, 是榮辱之大分也. 材愨者常安利, 蕩悍者常危害, 安利者常樂易, 危害者常憂險, 樂易者常壽長, 憂險者常夭折, 是安危利害之常體也.

「榮辱」

事業所惡也, 功利所好也, 職業無分, 如是, 則人有樹事之患, 而有爭功之禍矣.

「富國」

故有俗人者, 有俗儒者, 有雅儒者, 有大儒者. 不學問, 無正義, 以富利爲隆, 是俗人者也.

「儒效」

流淫汙僈, 犯分亂理, 驕暴貪利, 是辱之由中出者也, 夫是之謂
義辱.
「正論」

不能以義制利 不能以僞飾性 則兼以爲民.
「正論」

故人苟生之爲見, 若者必死, 苟利之爲見, 若者必害.
「禮論」

保利棄義謂之至賊.
「修身」

傳曰, 君子役物, 小人役於物, 此之謂也. 身勞而心安, 爲之, 利少
而義多, 爲之, 事亂君而通, 不如事窮君而順焉.
「修身」

【 순자 4 】 원문 16
國者, 天下之利用也, 人主者, 天下之利埶也.
「王霸」

國者, 巨用之則大, 小用之則小, 綦大而王, 綦小而亡, 小巨分流者

存. 巨用之者, 先義而後利, 安不卹親疏, 不卹貴賤, 唯誠能之求, 夫是之謂巨用之. 小用之者, 先利而後義, 安不卹是非, 不治曲直, 唯便僻親比己者之用, 夫是之謂小用之.
「王霸」

湯武者, 循其道, 行其義, 興天下同利, 除天下同害, 天下歸之. 故厚德音以先之, 明禮義以道之, 致忠信以愛之, 賞賢使能以次之.
「王霸」

上好貪利, 則臣下百吏乘是而後豐取刻輿, 以無度取於民. 故械數者, 治之流也, 非治之原也, 君子者, 治之原也.
「君道」

故有社稷者而不能愛民, 不能利民, 而求民之親愛己, 不可得也.
「君道」

人君者, 隆禮尊賢而王, 重法愛民而霸, 好利多詐而危, 權謀傾覆幽險而亡.
「彊國」

人之命在天, 國之命在禮 君人者, 隆禮尊賢而王, 重法愛民而霸, 好利多詐而危, 權謀傾覆幽險而盡亡矣.

「天論」

君人者, 隆禮尊賢而王, 重法愛民而霸, 好利多詐而危.
「大略」

義與利者, 人之所兩有也. 雖堯舜不能去民之欲利, 然而能使其
欲利不克其好義也. 雖桀紂亦不能去民之好義, 然而能使其好義
不勝其欲利也. 故義勝利者爲治世, 利克義者爲亂世. 上重義則
義克利, 上重利則利克義. 故天子不言多少, 諸侯不言利害, 大夫
不言得喪, 士不言通貨財, 有國之君不息牛羊, 錯質之臣不息鷄豚,
冢卿不脩幣, 大夫不爲場園, 從士以上皆羞利而不與民爭業, 樂
分施而恥積臧. 然故民不困財, 貧窶者有所竄其手.
「大略」

上好義則民闇飾矣, 上好富則民死利矣. 二者, 治亂之衢也.
「大略」

【 순자 5 】 원문 17

禮者, 貴賤有等, 長幼有差, 貧富輕重皆有稱者也. (…) 由士以上
則必以禮樂節之, 衆庶百姓則必以法數制之. 量地而立國, 計利
而畜民, 度人力而授事, 使民必勝事, 事必出利, 利足以生民, 皆
使衣食百用出入相揜, 必時臧餘, 謂之稱數. 故自天子通於庶人,

소유의 욕망, 이란 무엇인가

事無大小多少, 由是推之.
「富國」

桀紂者善爲人所惡也, 而湯武者善爲人所好也. 人之所惡何也?
曰, 汙漫爭奪貪利是也. 人之所好者何也? 曰, 禮義辭讓忠信是也.
「彊國」

論法聖王, 則知所貴矣, 以義制事, 則知所利矣. 論知所貴, 則知
所養矣, 事知所利, 則動知所出矣. 二者, 是非之本, 得失之原也.
「君子」

桓公之於管仲也, 國事無所往而不用, 知所利也.
「君子」

湯武者, 循其道, 行其義, 興天下同利, 除天下同害, 天下歸之. 故
厚德音以先之, 明禮義以道之, 致忠信以愛之, 賞賢使能以次之.
「王霸」

有國之君不息牛羊, 錯質之臣不息鷄豚, 冢卿不脩幣, 大夫不爲場
園, 從士以上皆羞利而不與民爭業, 樂分施而恥積臧. 然故民不
困財, 貧窶者有所竄其手.
「大略」

【 춘추번로 1 】 원문 18

仁人者, 正其道不謀其利, 修其理不急其功, 致無爲而習俗大化,
可謂仁聖矣.

「對膠西王越大夫不得爲仁」

天之生人也, 使人生義與利, 利以養其體, 義以養其心, 心不得義,
不能樂, 體不得利, 不能安, 義者 心之養也, 利者 體之養也, 體莫
貴於心, 故養莫重於義, 義之養生人大於利. 夫人有義者, 雖貧能
自樂也; 而大無義者, 雖富莫能自存; 吾以此實義之養生人大於
利而厚於財也. 民不能知, 而常反之, 皆忘義而殉利, 去理而走邪,
以賊其身, 而禍其家, 此非其自爲計不忠也, 則其知之所不能明也.

「身之養重於義」

【 춘추번로 2 】 원문 19

天道積聚衆精以爲光; 聖人積聚衆善以爲功; 故日月之明, 非一
精之光也; 聖人致太平, 非一善之功也. 明所從生, 不可爲源, 善
所從出, 不可爲端 量勢立權, 因事制義. 故聖人之爲天下興利也,
其猶春氣之生草也, 各因其生小大, 而量其多少; 其爲天下除害
也, 若川瀆之寫於海也, 各順其勢傾側, 而制於南北; 故異孔而同
歸, 殊施而鈞德, 其趣於興利除害, 一也. 是以興利之要, 在於致
之, 不在於多少; 除害之要, 在於去之, 不在於南北.

「考功名」

소유의 욕망, 이란 무엇인가

古之聖人見天意之厚於人也, 故南面而君天下, 必以兼利之.
「諸侯」

天常以愛利爲意, 以養長爲事, 春秋冬夏皆其用也; 王者亦常以愛
利天下爲意, 以安樂一世爲事, 好惡喜怒而備用也; 然而主之好
惡喜怒, 乃天之春夏秋冬也, 其俱暖淸寒暑, 而以變化成功也; 天
出此物者, 時則歲美, 不時則歲惡; 人主出此四者, 義則世治, 不
義則世亂.
「王道通三」

【 성리자의 1 】 원문 20

義與利相對而實相反. 才出乎義, 便入乎利, 其間相去甚微, 學者
當精察之. 自文義而言, 義者, 天理之所宜; 利者, 人情之所欲, 欲
是所欲得者. 就其中推廣之, 才是天理所宜底, 卽不是人情所欲;
才是人情所欲底, 卽不合於天理之所宜. 天理所宜者, 卽是當然
而然, 無所爲而然也. 人情所欲者, 只是不當然而然, 有所爲而然
也. 天理所宜是公, 人情所欲是私. 如貨財·名位·爵祿等, 此特利
之粗者. 如計較強弱多寡便是利, 如取己之便宜亦是利, 如求名覬
效, 如徇己自私, 如徇人情而爲之, 如有外慕底心, 皆是利. 然貨財
名位爵祿等, 亦未可便做利, 只當把一件事看, 但此上易陷於利耳.
「義利」

古人取民, 惟以井田什一之賦. 此是取以爲天下國家經常之用, 不可缺者. 其餘山林川澤, 悉與民共之, 無一毫私取以爲己有. 蓋聖人出來君天下, 姑以應天下之望, 不以天下爲己利. 所以凡事皆公天下之大義而爲之, 分天下之地爲萬國, 與有德有功者共之. 王畿千里, 公侯百裏, 伯七十裏, 子男五十裏, 庶人受田百畝. 孟子謂行一不義·殺一不辜而得天下, 不爲. 最說得聖人心上大義出. 天下是至大底物, 一不義一不辜是至微底事, 不肯以其所至微而易其所至大, 可見此心純是義, 無一點利底意思. 後世以天下爲己私, 己是利了, 及做一切事都是利. 毀封建公天下之大法而爲郡縣, 欲總天下之權歸於己, 不能井天下之田以授民. 民自買田爲生, 官司又取他牙稅. 及秋夏取稅, 名色至多, 至茶鹽酒酤, 民生公共急切之用, 盡括爲己有. 凡此等大節目處, 都是自利之私, 無一點義. 其詭譎自私細微曲折處, 更不待說.

「義利」

在學者論之, 如貨財亦是人家爲生之道, 似不可闕, 但當營而營, 當取而取, 便是義. 若出於詭計左道, 不當營而營, 不當取而取, 便是利. 有一般人已自足用, 又過用心於營殖, 固是利. 又有一般人生長富足, 不復營殖, 若不爲利, 然吝嗇之意篤, 計較之心重, 合當切用, 一毫不拔, 此尤利之甚者. 如名位爵祿, 得之以道, 非出於私意計較, 是當得而得, 便是義. 若得之不以道, 出於私意計較, 是不當得而得, 如鬻爵鬻擧, 左道圖薦, 章苞苴·營差遣等類, 皆是利.

如萬鍾不辯禮義, 乃爲宮室·妻妾·所識窮乏而受之, 便是利. 原思爲宰, 義當受常祿之粟九百, 他卻以爲多而辭之, 便是利, 不是義. 子華爲師使於齊, 義不當請粟, 而冉子爲之請, 便是利. 周公以叔父之親處三公, 享天下之富, 是義之所當享. 季氏以魯卿而富於周公, 乃過於封殖, 便是利.

「義利」

有所爲而爲, 如有所慕而爲善, 有所畏而不爲惡, 皆是利. 如爲獲而耕, 爲畬而災, 便是利. 於耕而望獲, 利; 於災而望畬, 亦是利. 易曰: 不耕獲, 不災畬. 是無所爲於前, 無所覬於後, 此方是義. 如哭死而哀, 非爲生也; 經德不回, 非以幹祿也; 言語必信, 非以正行也. 此皆是當然而然, 便是義. 如爲生而哀, 爲幹祿而不回, 爲正行而必信, 便是利. 如赤子入井, 是所當救而惻隱自生於中, 便是義. 若爲內交要譽, 惡其聲而然, 便是利.

「義利」

計較之私, 如以天下儉其親, 便是利. 齊王見牛不忍, 固是仁心之發, 然以小易大, 便是利. 子貢欲去告朔之餼羊, 是計較無益之費, 便是利. 孔子愛其禮不愛其羊, 便是義. 梁惠王移民移粟, 計較民之多寡, 是利. 顏子犯而不校. 若計較曲直勝負, 亦是利. 或論文而曰 我工爾拙, 論功而曰 我高爾低, 論德而曰 我優爾劣, 皆是利.

「義利」

取己便宜, 小處如共食而自揀其美, 如共處而自擇其安, 共市物而爭取其尤, 都是利. 大處如舍義取生, 固人之所欲, 然義所當死, 只得守義而死, 豈可以己不便而生顧戀之私? 如揚雄甘事王莽, 已自錯了, 後來迫於追捕, 又卻投閣, 是偷生惜死, 忘義顧利. 魏徵背建成而事太宗, 李陵戰敗而降虜, 皆是忘義惜死, 自己取便.
「義利」

求名之私. 如好名能讓千乘之國; 如以德報怨, 欲求仁厚之名, 仲子避兄離母居於陵, 欲沽廉潔之名; 微生高乞醯, 掠美市恩以歸於己, 都是利於美名.
「義利」

狗己自私, 如爲己謀則盡心, 爲他人謀則不盡心, 是利. 如齊王好色好貨, 不與民同, 亦是利. 凡處父子君臣夫婦兄弟朋友之間, 才有一毫自私之心, 而不行乎天理之當然, 皆是利. 雖公天下事而以私心爲之, 亦是利.
「義利」

狗人情是凡事不顧理之當然, 只狗人情而不敢決, 便是利. 如劉琮以荊州降曹操, 則是魏之荊州矣. 是時先主未有可據之地, 孔明欲取之, 以爲興王業之本, 此正大義所當然. 先主不決以大義, 卻顧戀劉表之私情, 而不忍取, 是利也.

「義利」

覬效, 如先難後獲, 先事後得, 皆是先盡其在我所當爲而不計效.
仁人明道不計功, 正誼不謀利. 自漢以來, 無人似董仲舒看得如此
分明. 如揠苗助長, 便是望效太速. 太宗即位四年, 外戶不閉, 鬥
米三錢, 方是小康, 便道行仁義既效, 便有矜色.
「義利」

外慕, 如今科舉之學, 全是外慕. 自嬰孩便專學綴緝, 爲取科名之
具, 至白首不休, 切身義理全無一點, 或有早登科第, 便又專事雜
文, 爲幹求遷轉之計, 一生學問, 全是脫空. 古之學爲己, 今之學爲
人. 爲己是無所慕, 爲人是有所慕, 此便是義利之分. 義利界分最
要別白分明. 若不別白分明, 則有義之似利, 利之似義, 便都含糊
沒分曉了 末稍歸宿 只墮在利中去, 更無復有義矣.
「義利」

주

1) 湯可敬 撰, 『說文解字今釋』, 岳麓書社, 2005, 591쪽. "利 銛也. 從刀. 和然後利 從和省. 『易』曰: 利者 義之和也."

2) 『서경』 「대우모」, 蔡沈註.

3) 『서경』(儒教經典諺解叢書), 中和堂, 1925, 8쪽.

4) 『주역』 乾卦 本義. "乾 天也 天者 天之形體 乾者 天之性情."

5) K. McLeish(eds), "religion," *Key Ideas in Human Though*t, Prima Publishing, 1995, 626쪽.

6) '천天'은 '一+大'의 합성어로 하나의 큰 존재, 즉 우주 그 자체로 볼 수도 있으며, 또한 천天 안에 하늘과 땅(二), 사람(人)이 전부 내포되어 있다고 볼 수도 있다. 그리고 유가의 천天에 대해서는 '자연적인 존재로서의 천' '의리義理의 담지자로서의 천' '주재자로서의 천' 등 다양한 논의가 있다.

7) 최영찬 외, 『동양철학과 문자학』, 아카넷, 2003, 196쪽.

8) 『주역전의周易傳義』 「重天乾」. "乾者萬物之始 故爲天爲陽爲父爲君 元亨利貞謂之四德 元者萬物之始 亨者萬物之長 利者萬物之遂 貞者萬物之成."

9) 『주역본의周易本義』 「重天乾」. "元亨利貞 (…) 元 大也 亨 通也 利 宜也 貞 正而固也. (…) 蓋嘗統而論之 元者 物之始生 亨者 物之暢茂 利則向於實也 貞則實之成也 實之旣成則其根蒂 脫落 可復種而生矣 此四德之所以循環而无端也.

10) 『주역본의』 「重天乾」. "元者 生物之始 天地之德 莫先於此 故於時爲春 於人則爲仁而衆

소유의 욕망, 이란 무엇인가

善之長也 亨者 生物之通 物至於此 莫不嘉美 故於時爲夏 于人則爲禮而衆美之會也 利者生物之遂 物各得宜 不相妨害 故於時爲秋 於人則爲義而得其分之和 貞者 生物之成 寔理具備 隨在各足 故於時爲冬 於人則爲智而爲衆事之幹 幹木之身而枝葉所依以立者也."

11)『묵자』「경상」. "義利也."

12) 아리스토텔레스, 이창우 외 옮김,『니코마코스의 윤리학』, 이제이북스, 2006, 1094a 및 1098a.

13)『주역』咸卦 卦辭 程傳. "凡天地上下 以至萬物 皆有相感之道 物之相感則有亨通之理 君臣能相感 則君臣之道通 上下能相感 則上下之志通 以至父子夫婦親戚朋友 皆情意相感 則和順而亨通 事物皆然."

14) 이상익,「유교적 공동체: 이상, 양상, 전망」,『사회과학논총』2007년 봄호(38), 22~23쪽 참조.

15)『논어』12:11. "齊景公問政於孔子 孔子對曰 君君臣臣父父子子 公曰 善哉 信如君不君 臣不臣 父不父 子不子 雖有粟 吾得而食諸."

16)『주자대전』권15 항15~16.「經筵講義」

17) 아리스토텔레스, 앞의 책, 1094a.

18)『맹자』3상:4. "后稷教民稼穡 樹藝五穀 五穀熟而民人育 人之有道也 飽食煖衣 逸居而無教 則近於禽獸 聖人有憂之 使契爲司徒 教以人倫 父子有親 君臣有義 夫婦有別 長幼有序 朋友有信."

19)『논어』12:22. "樊遲問仁 子曰 愛人 問知 子曰 知人."

20)『논어』3:3. "子曰 人而不仁 如禮何 人而不仁 如樂何."

21)『논어』4:5. "君子 去仁 惡乎成名 君子 無終食之間 違仁 造次 必於是 顚沛 必於是."

22)『논어』8:7. "曾子曰 士不可以不弘毅 任重而道遠 仁以爲己任 不亦重乎 死而後已 不亦遠乎."

23) 湯可敬 撰, 앞의 책, 1066쪽. "仁 親愛也 由'人' 由二 會意." 그리고 여기서 '이二'란 1)사람 둘, 2)천지, 3)가장 가까운 관계로서 부모, 4)두터움厚을 상징한다. 우준호,『삼강오륜의 현대적 조명』, 이화, 2007, 75쪽 참조.

24)『논어』12:11. "齊景公問政於孔子 孔子對曰 君君臣臣父父子子."

25)『논어』12:22. "樊遲問仁 子曰 愛人 問知 子曰 知人."

26)『여유당전서』II-16, 40,『논어고금주』. "仁者二人也 其在古篆 疊人爲仁 疊子爲孫 仁者

人與人之至也 子事父以孝 子與父二人也 臣事君以忠 臣與君二人也 兄與弟二人也 牧與民二人也."

27) 『여유당전서』 II-13, 43, 『논어고금주』, "夫人生斯世 自落地之初 以至蓋棺之日 其所與處者人而已 其近者曰 父子兄弟 其遠者曰 朋友鄕人 其卑者曰 臣僕幼穉 其尊者曰 軍師耆老 凡與我同圓顱而方趾 戴天而履地者 皆與我相須相資相交相接 胥匡以生者也."

28) 『여유당전서』 II-13, 43, 『논어고금주』, "吾道何爲者也 不過爲善於其際耳."

29) 『여유당전서』 II-14, 15, 『논어고금주』, 人道不外乎求仁 求仁不外乎人倫 經禮三百 典禮三千 以至天下萬事萬物 皆自人倫起.

30) 신오현, 「그리스의 인간이해: 고전적 시민이념」, 『자아의 철학』, 문학과지성사, 1986, 217~218쪽 참조.

31) 『맹자』 2상:6 참조.

32) 『맹자』 2상:6. "孟子曰 人皆有不忍人之心 先王 有不忍人之心 斯有不忍人之政矣 以不忍人之心 行不忍人之政 治天下 可運之掌上 所以謂者 今仁 乍見孺子將入於井 皆有怵惕惻隱之心 非所以內交於孺子之父母也 非所以要譽於鄕黨朋友也 非惡其聲而然也 由是觀之 無惻隱之心 非人也 無羞惡之心 非人也 無辭讓之心 非人也 無是非之心 非人也 惻隱之心 仁之端也 羞惡之心 義之端 辭讓之心 禮之端也 是非之心 智之端也 人之有四端也 猶其四體也 有是四端而自謂不能者 自賊者也 爲其君不能者 賊其君者也 凡有四端於我者 知皆擴而充之矣 若火之始然 泉之始達 若能充之 足以保四海 苟不充之 不足以事父母."

33) I. Bloom, "Mencian Argument on Human Nature(Jen-hsing)," *Philosophy East and West*, Vol 44. N 1, UH Press, 31쪽.

34) 『논어』 2:3. "子曰 道之以政 齊之以刑 民免而無恥 道之以德 齊之以禮 有恥且格."

35) 『논어』 6:11. "子謂子夏曰 女爲君子儒 無爲小人儒."

36) 湯可敬 撰, 『說文解字今釋』, 岳麓書社, 2005, 188쪽, "'君'部. 君 尊也. 從尹; 發號 故從口. 古文象君座形."

37) 장현근, 「君子와 世界市民」, 『유럽연구』 5, 1997 봄, 355~357쪽 참조.

38) 『노자』 31장. "兵者不祥之器 非君子之器."

39) 김승혜는 격언 등을 이용하여 사회적 신분을 나타낸 9차례를 제외하면 대부분 '도덕적 인격'을 가리킨다고 말한다. 김승혜, 『원시유학』, 민음사, 1994, 94쪽, 주 20번 참조. 대표적으

로 다음 구절들에서 '군자君子'는 신분적인 명칭이라고 지적되는 듯하다. 『논어』 17:4. "子游對曰 昔者 偃也 聞諸夫子 曰君子學道則愛人 小人 學道則易使也 4:7. 子曰 君子而不仁者 有矣夫 未有小人而仁者也." 8:9. "子曰 民可使由之 不可使知之. 12:19. 季康子問政於孔子曰 如殺無道 以就有道 何如 孔子對曰爲政焉用殺 子欲善而民善矣 君子之德風 小人之德草 草上之風必偃." 그런데 진대제陳大齊는 "몇몇 구절은 사회적 지위에 대해 말하며 이상적인 인격을 말하지 않지만, 판별이 쉽지 않다"고 말하는데, 필자 또한 진대제의 입장에 동의한다. 안종수 옮김, 『공자의 학설』, 이론과실천, 1996, 345쪽.

40) 다음 구절은 군자의 도덕적 성취가 성인聖人과 인인仁人 다음 단계임을 시사한다. 『논어』 7:25. "子曰 聖人 吾不得而見之矣 得見君子者 斯可矣." 14:7. "子曰 君子而不仁者 有矣夫 未有小人而仁者也."

41) 진대제, 앞의 책, 345~346쪽. 바로 이런 이유에서 주자는 "군자는 성인의 통칭이다"라고 주석하기로 했다. 『맹자집주』 7상:13. "君子 聖人之通稱也."

42) 『논어』 14:24. "君子上達 小人下達."

43) 『논어』 16:8. "孔子曰 君子 有三畏 畏天命 畏大人 畏聖人之言 小人不知天命而不畏也 狎大人 侮聖人之言."

44) 『논어』 2:4. "子曰 (…) 五十而知天命."

45) 『논어』 14:37. "子曰 莫我知也夫 子貢曰 何爲其莫知子也 子曰 不怨天 不尤人 下學而上達 知我者其天乎."

46) 『논어』 17:19. "子曰 予欲無言 子貢曰 子如不言 則小子何述焉 子曰 天何言哉 四時行焉 百物生焉 天何言哉."

47) 『논어』 7:22. "子曰 天生德於予 桓魋其如何."

48) 『논어』 20:3. "子曰 不知命 無以爲君子也."

49) 『중용』 1장. "天命之謂性 率性之謂道 脩道之謂敎."

50) 『맹자』 7하:16. "仁也者人也 合而言之道也."

51) 『논어』 4:5. "君子 去仁 惡乎成名 君子 無終食之間 違仁 造次 必於是 顚沛 必於是."

52) 『논어』 14:7. "未有小人而仁者."

53) 『논어』 17:23. "小人有勇而無義."

54) 『논어』 12:22. "樊遲問仁 子曰 愛人 問知 子曰 知人."

55) 『논어』 16:11. "行義以達其道."

56) 『논어』 15:17. "子曰 君子義以爲質 禮以行之 孫以出之 信以成之 君子哉."

57) 『논어』 4:10. "子曰 君子之於天下也 無適也 無莫也 義之與比."

58) 『논어』 4:16. "子曰 君子 喩於矣 小人 喩於利."

59) 『논어』 17:22. "子路曰 君子尙勇乎 子曰 君子義以爲上 君子有勇而無義爲亂 小人有勇而無義爲盜."

60) 『맹자』 4하:11. "孟子曰 大人者, 言不必信 行不必果, 惟義所在."

61) 『순자』 「영욕榮辱」. "爲事利 爭貨財 唯利之見 是賈盜之勇也 義之所在 不傾於權 不顧其利 重死而持義不撓 是士君子之勇也."

62) 『중용』 20장. "義者 宜也."

63) 白川靜, 『字統』, 平凡社, 2004, 168쪽 참조.

64) 『중용』 20장. 朱子註. "宜者 分別事理 各有所宜也."

65) 『장자』 「대종사大宗師」. "吾師乎 吾師乎 韲萬物而不爲義吾師乎."

66) 周桂鈿, 문재곤 외 옮김, 『강좌중국철학』, 예문서원, 1992, 286쪽.

67) 『설문해자』. "公 平分."

68) 『설문해자』. "義 己之威儀也 從我羊也."

69) 許進雄, 전남대중국문학연구실 옮김, 『중국고대사회』, 지식산업사, 1993, 431쪽.

70) 『맹자』 6상:11. "仁 人心也." 『맹자』 7상:16. "仁也者 人也."

71) 『맹자』 2상:10. "孟子曰 自暴者 不可與有言也 自棄者 不可與有爲也 言非禮義 謂之自暴也 吾身不能居仁由義 謂之自棄也." 6상:11. "孟子曰 仁 人心也 義 人路也."

72) 『묵사』 「경상」.

73) 『순자』 「대략大略」. "君人者, 隆禮尊賢而王, 重法愛民而霸, 好利多詐而危 (…) 義與利者, 人之所兩有也. 雖堯舜不能去民之欲利, 然而能使其欲利不克其好義也. 雖桀紂亦不能去民之好義, 然而能使其好義不勝其欲利也. 故義勝利者爲治世, 利克義者爲亂世. 上重義則義克利, 上重利則利克義. 故天子不言多少, 諸侯不言利害, 大夫不言得喪, 士不言通貨財有國之君不息牛羊, 錯質之臣不息鷄豚, 冢卿不脩幣, 大夫不爲場園 從士以上皆羞利而不與民爭業, 樂分施而恥積臧 然故民不困財, 貧窶者有所竄其手."

74) 張岱年, 김백희 옮김, 『중국철학대강(하)』, 까치, 1998, 765쪽.

❀
소유의 욕망, 이란 무엇인가

75) 칸트, 『실천이성비판』, A.154.

76) 칸트, 『도덕 형이상학의 정초』, B52=IV421.

77) 이철승, 「선진 유가사상에 나타난 경제와 윤리의 관계문제」, 『동양사회사상』 9, 2004, 164쪽.

78) 『논어』 「자한」. "子罕言利與命與仁."

79) 『논어』 「이인」. "放於利而行多怨."

80) 『맹자』 13:25. "孟子曰 鷄鳴而起 孶孶爲善者 舜之徒也 鷄鳴而起 孶孶爲利者 蹠之徒也 欲知舜與蹠之分 無他 利與善之間也."

81) 湯可敬 撰, 『說文解字今釋』, 善字部. 366~367쪽. "善吉也 從言言 從羊 此與義美同意." (⋯) 1)言言 言也. 吉言爲善 故從言言. 2)義與美均從羊 羊 祥也 故此三字同一意義.

82) 심현섭, 『유가미학』, 한국학술정보, 2011, 139쪽.

83) 아리스토텔레스, 앞의 책, 1094a.

84) 『맹자』 14. "浩生不害問曰 樂正子, 何人也 孟子曰 善人也, 信人也 何謂善 何謂信 曰可欲 之謂善 有諸己之謂信."

85) 『맹자』 13:25에 대한 주자 주. "程子曰 言間者 謂相去不遠 所爭毫末耳 善與利 公私而已矣."

86) 陳淳 『北溪字義』. "義與利相對而實相反 才出乎義, 便入乎利 (⋯) 自文義而言 義者 天理 之所宜 利者 人情之所欲 欲是所欲得者 (⋯) 天理所宜是公 人情所欲是私 如貨財 名位 爵祿 等 此特利之粗者 (⋯) 如求名覬效 如狥己自私 如狥人情而爲之 如有外慕底心 皆是利 然貨財 名位爵祿等 亦未可便做利 只當把一件事看 但此上易陷於利耳 (⋯) 在學者論之 貨財亦是人 家爲生之道 不可闕 當營而營 當取而取 是義若出於詭計左道 當營而營 不當取而取, 便是利 有一般人己自足用 又過用心於營殖 固是利 (⋯) 如名位爵祿 得之以道 非出於私意計較 是當 得而得便是義."

87) 『맹자』 1:1 "王曰叟不遠千里而來 亦將有以利吾國乎 孟子對曰 王何必曰利 亦有仁義而已 矣 王曰何以利吾國 大夫曰何以利吾家 士庶人曰何以利吾身 上下交征利而國危矣 萬乘之國 殺其君者 必千乘之家 千乘之國殺其君者 必百乘之家 萬取千焉 千取百焉 不爲不多矣 苟爲 後義而先利 不奪不饜 未有仁而遺其親者也 未有義而後其君者也."

88) 『맹자』 1상:1에 대한 주자 주. "仁義 根於人心之固有 天理之公也 利心 生於物我之相形 人欲之私也 循天理 則不求利而自無不利 循人欲 則求利未得而害已隨之."

89) 『대학』 10장. "是故君子先愼乎德 有德此有人 有人此有土 有土此有財 有財此有用 先愼乎德 德者本也 財者末也 外本內末 爭民施奪 是故財聚則民散 財散則民聚."

90) 『대학』 10:22~23. "孟獻子曰 畜馬乘 不察於鷄豚 伐氷之家 不畜牛羊 百乘之家 不畜聚斂之臣 與其有聚 斂之臣 寧有盜臣 此謂國不以利爲利 以義爲利也 長國家而務財用者 必自小人矣 彼爲善之 小而之使爲國家 菑害竝至 雖有善者 亦無如之何矣 此謂國 不以利爲利 以義爲利也."

91) 張垈年, 앞의 책, 765~766쪽.

92) 『논어』 13:17. "子夏爲莒父宰 問政 子曰 無欲速 無見小利 欲速則不達 見小利則大事不成."

93) 『논어』 20:2. "子張問於孔子曰 何如 斯可以從政矣 子曰 尊五美 屛四惡 斯可以從政矣 子張曰 何謂五美 子曰 君子惠而不費 (…) 因民之所利而利之."

94) 안용진, 「공자의 의리사상 연구」, 『유교사상연구』 27, 301쪽 참조.

95) 『서경』 「五子之歌」. "皇祖 有訓 民可近 不可下 民惟邦本 本固 邦寧." 이를 계승하여 맹자는 다음과 같이 말했다. "백성이 귀하고, 사직이 다음이며, 인군은 가볍다孟子曰 民爲貴 社稷次之 君爲輕." 『맹자』 7하:14.

96) 『대학』 10장. "所謂平天下 在治其國者 上老老而 民興孝 上長長而 民興弟 上恤孤而 民不倍 是以 君子有絜矩之道也 所惡於上 毋以使下 所惡於下 毋以事上 所惡於前 毋以先後 所惡於後 毋以從前 所惡於右 毋以交於左 所惡於左 毋以交於右 此之謂絜矩之道也 所惡於上 毋以使下 所惡於下 毋以事上 所惡於前 毋以先後 所惡於後 毋以從前 所惡於右 毋以交於左 所惡於左 毋以交於右 此之謂絜矩之道也."

97) 『논어』 15:23. "子貢問曰 有一言而可以終身行之者乎 子曰 其恕乎 其所不欲 勿施於人." 『논어』 6:28. "夫仁者 己欲立而立人 己欲達而達人 能近取譬 可謂仁之方也已."

98) 『대학』 9장. "堯舜帥天下以仁而民從之 桀紂帥天下以暴而民從之 其所令 反其所好 而民不從 是故 君子有諸己而後求諸人 無諸己而後非諸人 所藏乎身 不恕 而能喩諸人者未之有也."

99) 문병도, 「유교와 민주주의」, 『동양철학연구』 43, 326~333쪽.

100) 『맹자』 1하1. 6, 1하1~7 등.

101) 『맹자』 7:9. "孟子曰 桀紂之失天下也 失其民也 失其民者 失其心也 得天下有道 得其民斯得天下矣 得其民有道 得其心斯得民矣 得其心有道 所欲與之聚之 所惡勿施爾也."

102) 『논어』 12:7. "子貢問政 子曰 足食 足兵 民信之矣 子貢曰 必不得已而去 於斯三者 何先

❀
소유의 욕망, 이란 무엇인가

曰去兵 子貢曰 必不得已而去 於斯二者 何先 曰去食 自古皆有死 民無信不立."

103) 『맹자』 6하:7에 대한 주자 주. "言倉廩實而武備修然後 教化行而民信於我 不離叛也 (…)
愚謂 以人情而言 則兵食足而後 吾之信 可以孚於民 以民德而言 則信 本人之所固有 非兵食
所得而先也."

104) 『논어』 13:9. "子適衛 冉有僕 子曰 庶矣哉 冉有曰 旣庶矣 又何加焉 曰富之 曰旣富矣 又
何加焉 曰敎之."

105) 『맹자』 7상:9. "庶而不富 則民生不遂 故 制田里 薄賦斂以富之 富而不敎 則近於禽獸 故
必立學校 明禮義以敎之."

106) 『맹자』 1상:7. "若民則無恒産 因無恒心 苟無恒心 (…) 是故明君制民之産 必使仰足以事
父母 俯足以畜妻子 樂歲終身飽 凶年免於死亡然後 驅而之善 故民之從之也輕."

107) 『맹자』 1상:7. "無恒産而有恒心者 惟士爲能 無恒産而有恒心者 惟士爲能 若民則無恒
産 因無恒心 苟無恒心 放辟邪侈 無不爲已 及陷於罪然後 從而刑之 是罔民也 焉有仁人在位
罔民而可爲也."

108) 『맹자』 1:7. "是故明君制民之産 必使仰足以事父母 俯足以畜妻子 樂歲終身飽 凶年免於
死亡然後 驅而之善."

109) 이에 대한 상세한 논변으로는 다음을 참조. 안외순, 「'좋은 삶'과 孟子의 仁政論」, 『동양
고전연구』 37, 2009, 442~464쪽.

110) 『맹자』 7상:14. "仁言 不如仁聲之入人心也 善政民畏之 善敎民愛之 善政得民財 善敎得
民心."

111) 『맹자』 1상:3. "五畝之宅 樹之以桑 五十者可以衣帛矣 鷄豚狗彘之畜 無失其時 七十者
可以食肉矣 百畝之田 勿奪其時 數口之家可以無飢矣 謹庠序之敎 申之以孝悌之義 頒白者不
負戴於道路矣 七十者衣帛食肉 黎民不飢不寒 然而不王者未之有也."

112) 『맹자』 3상:3. "后稷敎民稼穡 樹藝五穀, 五穀熟而民人育 人之有道也, 飽食 煖衣 逸居
而無敎, 則近於禽獸 聖人有憂之 使契爲司徒 敎以人倫 父子有親 君臣有義 夫婦有別 長幼有
序 朋友有信."

113) 『맹자』 4하:19. "孟子曰 人之所以異於禽獸者 幾希 庶民去之 君子存之."

114) 『논어』 12:17. "季康子 問政於孔子 孔子對曰 政者正也."

115) 『논어』 12:1. "君君臣臣 父父子子."

116)『논어』14:13. "曰今之成人者 何必然 見利思義." 16:10. "孔子曰 君子 有九思 視思明 聽思聰 色思溫 貌思恭 言思忠 事思敬 疑思問 忿思難 見得思義."

117)『논어』4:12. "子曰 放於利而行 多怨."

118)『맹자』1상:1. "苟爲後義而先利 不奪不饜."

119)『논어』7:11. "子曰 富而可求也 雖執鞭之士 吾亦爲之 如不可求 從吾所好."

120)『논어』1:15. "子貢曰 貧而無諂 富而無驕 何如 子曰 可也 未若貧而樂 富而好禮者也." 또한 다음 구절도 참조. 14:11. "子曰 貧而無怨難 富而無驕易."

121)『논어』10:20. "仁者以財發身 不仁者以身發財 (…) 富潤屋 德潤身 心廣體胖."

122)『논어』12:5. "子夏曰 商聞之矣 死生有命 富貴在天."『맹자』13:3. "孟子曰 求則得之 舍則失之 是求有益於得也 求在我者也 求之有道 得之有命 是求無益於得也 求在外者也."

123)『논어』8:13. "子曰 篤信好學 守死善道 危邦不入 亂邦不居 天下有道則見 無道則隱 邦有道 貧且賤焉 恥也 邦無道 富且貴焉 恥也."

124)『논어』4:5. "子曰 富與貴 是人之所欲也 不以其道 得之 不處也 貧與賤 是人之所惡也 不以其道 得之 不去也."

125)『논어』13:9. "故士窮不失義達不離道."

126)『논어』7:15. "子曰 不義而富且貴 於我如浮雲."

127)『맹자』5상:1. "天下之士悅之 人之所欲也 而不足而解憂 好色人之所欲 妻帝之二女 而不足而解憂 富人之所欲 富有天下 而不足而解憂 貴人之所欲 貴爲天子 而不足而解憂 人悅之 好色富貴 無足而解憂者 惟順於父母 可以解憂."

128)『논어』1:1. "子曰 學而時習之 不亦說乎 有朋 自遠方來 不亦樂乎 人不知而不慍 不亦君子乎."『맹자』7상:20. "孟子曰 君子有三樂而王天下 不與存焉 父母俱存 兄弟無故 一樂也 仰不愧於天 俯不作於人 二樂也 得天下英才 而敎育之 三樂也."

129)『논어』7:15. "子曰 飯疏食飮水 曲肱而枕之 樂亦在其中矣 不義而富且貴 於我如浮雲."

130)『논어』6:9. "子曰 賢哉 回也 一簞食 一瓢飮 在陋巷 人不堪其憂 回也 不改其樂 賢哉 回也."

131)『논어』16:1. "丘也聞有國有家者 不患寡而患不均 不患貧而患不安 蓋均無貧 和無寡 安無傾."

132)『대학』10:22. "孟獻子曰 畜馬乘 不察於鷄豚 伐氷之家 不畜牛羊."

133) 『맹자』2하:10. "人亦孰不欲富貴 而獨於富貴之中 有私龍斷焉 古之爲市者 以其所有 易
其所無者 有司者治之耳 有賤丈夫焉 必求龍斷而登之 以左右望而罔市利 人皆以爲賤故 從
而征之 征商自此賤丈夫始矣." 여기서 말하는 천장부에 대비되는 말은 대장부라고 할 수 있
다. 대장부는 다음과 같은 사람이다. "천하의 넓은 집에 거처하며, 천하의 바른 자리에 서며,
천하의 대도를 행하고, 뜻을 얻으면 백성과 더불어 도에 말미암고, 뜻을 얻지 못하면 홀로 그
도를 행하나니, 부귀가 방탕하게 하지 않고, 빈천이 옮겨놓지 못하며, 위무가 굴복시킬 수 없
는 것, 이를 일러 대장부라고 한다居天下之廣居 立天下之正位 行天下之大道 得志 與民由之
不得志 獨行其道 富貴不能淫 貧賤不能移 威武不能屈 此之謂大丈夫." 『맹자』3하:2.

134) 『논어』6:3. "子曰 赤之適齊也 乘肥馬 衣輕裘 吾聞之也 君子 周急 不繼富."

135) 『맹자』1하:5. "老而無妻曰鰥 老而無夫曰寡 老而無子曰獨 幼而無父曰孤 此四者 天下之
窮民而無告者 文王發政施仁 必先斯四者."

136) 『논어』11:16. "季氏富於周公 而求也 爲之聚斂而附益之 子曰 非吾徒也 小子 鳴鼓而攻
之 可也."

137) 『맹자』4상:14. "由此觀之 君不行仁政而富之 皆棄於孔子者也 況於爲之强戰 爭地以戰
殺人盈野 爭城以戰 殺人盈城 此所謂率土地而食人肉 罪不容於死."

138) 『논어』6하:9. "孟子曰 今之事君者曰 我能爲君 辟土地 充府庫 今之所謂良臣 古之所謂
民賊也 君不鄕道不志於仁 而求富之 是富桀也."

139) 『대학』10장. "仁者以財發身 不仁者以身發財."

140) 『맹자』4하:33. "齊人有一妻一妾而處室者 其良人出則必饜酒肉而後反 其妻問所與飮食
者則盡富貴也 其妻告其妾曰 良人出則必饜酒肉而後反 問其與飮食者 盡富貴也 而未嘗有顯
者來 吾將瞷良人之所之也 蚤起施從良人之所 之 徧國中 無與立談者 卒之東郭墦間之祭者
乞其餘不足 又顧而之他 此其謂饜足之道也 其妻歸告其妾曰 良人者所仰望而終身也 今若此
與其妾訕其良人而相泣於中庭 而良人未之知也 施施從外來 驕其妻妾 由君子觀之 則人之
所以求富貴利達者 其妻妾不羞也 而不相泣者 幾希矣."

141) 『주역전의』「중천건重天乾」. "乾者萬物之始也 故爲天爲陽爲父爲君 元亨利貞謂之四德 元
者萬物之始 亨者萬物之長 利者萬物之遂 貞者萬物之成."

142) 『맹자』3상:4. "后稷敎民稼穡 樹藝五穀 五穀熟而民人育 人之有道也 飽食煖衣 逸居而
無敎 則近於禽獸 聖人有憂之 使契爲司徒 敎以人倫 父子有親 君臣有義 夫婦有別 長幼有序

朋友有信.”

143)『맹자』1상:7. “老吾老以及人之老 幼吾幼以及人之幼 天下可運於掌 (…) 古之人所以大過人者 無他焉 善推其所爲而已矣.”

144)『중용』20장. “天下之達道五 所以行之者三 曰君臣也 父子也 夫婦也 昆弟也 朋友之交也 五者天下之達道也 智仁勇 三者天下之達德也.”

145)『중용』20장. “(子曰) 好學 近乎知 力行 近乎仁 知恥 近乎勇 知斯三者 則知所以修身 知所以修身 則知所以治人 知所以治人 則知所以治天下國家矣.”

146)『논어』17:2. “性相近 習上遠也.”

147)『논어』16:9. “孔子曰 生而知之者 上也 學而知之者 次也 困而學之 又其此也 困而不學 民斯爲下矣.”

148)『논어』17:3. “唯上知與下愚 不移.”

149)『논어』6:19. “子曰 中人以上 可以語上也 中人以下 不可以語上也.”

150)『대학』경1장. “大學之道 在明明德 在親(新)民 在止於至善.”

151)『논어』2:1. “子曰 爲政以德 譬如北辰 居其所 而衆星 共之.”

152)『대학』경1장. “古之欲明明德於天下者 先治其國 欲治其國者 先齊其家 欲齊其家者 先修其身 欲修其身者 先正其心 欲正其心者 先誠其意 欲誠其意者 先致其知 致知 在格物.”

153)『대학』경1장. “自天子 以至於庶人 壹是皆以修身爲本.”

154)『맹자』7하:25. “浩生不害問曰 樂正子, 何人也 孟子曰 善人也, 信人也 何謂善 何謂信 曰 可欲之謂善 有諸己之謂信. 充實而有光輝之謂大 大而化之之謂聖 聖而不可知之之謂神.”

155)『맹자』6상:6. “公都子曰 告子曰 性 無善無不善也 或曰性可以爲善 可以爲不善 是故 文武興則民好善 幽厲興則民 好暴 或曰有性善 有性不善 是故以堯爲君而有象 以瞽瞍爲父而有舜 以紂爲兄之子 且以爲君而有微子啓王子比干 今曰性善 然則彼皆非與 孟子曰 乃若其情 則可以爲善矣 乃所謂善也 若夫爲不善 非才之罪也 惻隱之心 人皆有之 羞惡之心 人皆有之 恭敬之心 人皆有之 是非之心 人皆有之 惻隱之心仁也 羞惡之心義也 恭敬之心禮也 是非之心智也 仁義禮智 非由外鑠我也 我固有之也 弗思耳矣 故曰求則得之 舍則失之 或相倍蓰而無算者 不能盡其才者也 詩曰天生蒸民 有物有則 民之秉夷 好是懿德 孔子曰 爲此詩者 其知道乎 故有物必有則 民之秉夷也 故好是懿德.”

156)『맹자』6상:11~15. “孟子曰 仁 人心也 義 人路也 舍其路而不由 放其心而不知求 哀哉

❀
소유의 욕망, 이란 무엇인가

人有鷄犬放 則知求之 有放心而不知求 學問之道 無他 求其放心而已矣 (…) 指不若人 則知惡之 心不若人 則不知惡之 此之謂不知類也 (…) 所以考其善不善者 豈有他哉 於己 取之而已矣 體有貴賤 有小大 無以小害大 無以賤害貴 養其小者爲小人 養其大者爲大人 (…) 飮食之人 則人賤之矣 爲其養小以失大也 (…) 曰 耳目之官 不思而蔽於物 物交物 則引之而已矣 心之官則思 思則得之 不思則不得也 此天之所與我者 先立乎其大者 則其小者不能奪也 此爲大人而已矣."

157) 『맹자』7상:3. "求則得之 舍則失之 是求有益於得也 求在我者也 求之有道 得之有命 是求無益於得也 求在外者也."

158) 『맹자』3상:4. "有大人之事 有小人之事 (…) 故曰 或勞心 或勞力 勞心者 治人 勞力者 治於人 治於人者 食人 治人者 食於人 天下之通義也."

159) 『맹자』13:25에 대한 주자 주. "程子曰 言間者 謂相去不遠 所爭毫末耳 善與利 公私而已矣."

160) 『중용』1:4. "中也者 天下之大本也 和也者 天下之達道也 致中和 天地位焉 萬物育焉."

161) 『중용』22:1. "惟天下至誠 爲能盡其性 能盡其性則能盡人之性 能盡人之性則能盡物之性 能盡物之性則可以贊天地之化育 可以贊天地之化育則可以與天地參矣."

162) 『논어』20:1. "堯曰 咨爾舜 天之曆數 在爾躬 允執厥中 四海困窮 天祿永終 舜亦以命禹."

163) 『중용』4:1. "子曰 道之不行也 我知之矣 知者過之 愚者不及也 道之不明也 我知之矣 賢者過之 不肖者不及也."

164) 『논어』3:1. "子曰 中庸 其至矣乎."

165) 『중용』1:4. "中也者 天下之大本也 和也者 天下之達道也 致中和 天地位焉 萬物育焉."

166) 『중용』2:1. "仲尼曰 君子中庸 小人反中庸 君子之中庸也 君子而時中 小人之中庸也 小人而無忌憚也."

167) 湯可敬 撰, 『說文解字今釋』, 岳麓書社, 2005, 60~61쪽.

168) 김충렬, 「中庸 수삼구에 대한 해석」『중국철학산고』2, 온누리, 215쪽 참조.

169) 『중용장구』「서」. "中者 不偏不倚無過不及之名 庸平常也 子程子曰 不偏之謂中 不易之謂庸 中者天下之正道 庸者天下之定理."

170) 『중용』25장. "誠者 非自成己而已也 所以成物也 成己 仁也 成物 知也 性之德也 合內外之道也 故 時措之宜也."

171) 『논어』 18:8. "逸民 伯夷叔齊 虞仲夷逸 朱張柳下惠少連 子曰 不降其志 不辱其身 伯夷叔齊與 謂柳下惠少連 降志辱身矣 言中倫 行中慮 其斯而已矣 謂虞仲夷逸 隱居放言 身中淸 廢中權 我則異於是 無可無不可."

172) 『논어』 9:4. "子絶四 毋意 毋必 毋固 毋我."

173) 『논어』 2:4. "七十而從心所慾不踰矩."

174) 『중용』 2:18. "誠者 天之道也 誠之者 人之道也 誠者 不勉而中 不思而得 從容中道 聖人也 誠之者 擇善而固執之者也."

175) 『맹자』 2상:2 및 5하:1 참조.

176) 『순자』 「천론」. "天行有常."

177) 『순자』 「성악」. "凡性者, 天之就也, 不可學, 不可事. 禮義者, 聖人之所生也, 人之所學而能, 所事而成者也. 不可學, 不可事而在人者, 謂之性, 可學而能, 可事而成之在人者, 謂之僞, 是性僞之分也. 性者, 天之就也, 不可學, 不可事."

178) 『순자』 「왕제」. "水火有氣而無生, 草木有生而無知, 禽獸有知而無義, 人有氣有生有知亦且有義, 故最爲天下貴也."

179) 『한서』 「동중서전董仲舒傳」. "道之大源出於天 天不變 道亦不變."

180) 『맹자』 3상:2. "伯夷伊尹 於孔子 若是班乎 曰否 自有生民而來 未有孔子也 曰然則有同與 曰有得百里之地而君之 皆能以朝諸侯有天下 行一不義 殺一不辜而得天下 皆不爲也 是則同."

181) 『맹자』 11상:10. "萬鍾則不辯禮義而受之 萬鍾 於我何加焉 爲宮室之美 妻妾之奉 所識窮乏者得我與."

182) 『논어』 6:3. "原思爲之宰 與之粟九百辭 子曰 毋 以與爾隣理鄕黨乎."

183) 『논어』 6:3. "子華使於齊 冉子爲其母請粟 子曰 與之釜 請益 曰與之庾 冉子與之粟五秉 子曰 赤之適齊也 乘肥馬 衣輕裘 吾聞之也 君子 周急不繼富."

184) 『논어』 11:16. "季氏富於周公 而求也 爲之聚斂而附益之 子曰 非吾徒也 小子 鳴鼓而攻之 可也."

185) 『주역』 「无妄卦」. "不耕獲 不災畬. 是無所爲於前, 無所覬於後."

186) 『맹자』 14하:33. "孟子曰 堯舜性者也 湯武反之也 動容周旋 中禮者 盛德之至也 哭死而哀 非爲生者也 輕德不回 非以干祿也 言語必信 非以正行也."

187) 『맹자』 3상:6. "孟子日 人皆有不忍人之心 先王有不忍人之心 斯有不忍人之政矣 以不忍人之心 行不忍人之政 治天下 可運於掌上 所以謂人皆有不忍人之心者 今人乍見孺子將入於井 皆有怵惕惻隱之心 非所以內交於孺子之父母也 非所以要譽於鄉黨朋友也 非惡其聲而然也 由是觀之 無惻隱之心 非人也 無羞惡之心 非人也 無辭讓之心 非人也 無是非之心 非仁也."

188) 『맹자』 4하:7. "吾聞之也 君子不以天下儉其親."

189) 『맹자』 1상:7. "曰若寡人者 可以保民乎哉 曰可 曰何由 知吾可也 曰臣聞之胡齕 曰王坐於堂上 有牽牛而過堂下者 王見之 曰牛何之 對曰 將以釁鐘 王曰 舍之 吾不忍其觳觫若無罪而就死地 對曰 然則廢釁鐘與 曰何可廢也 以羊易之 不識 有諸 曰有之 曰是心 足以王矣 百姓皆以王爲愛也 臣固知王之不忍也 王曰然 誠有百姓者 齊國雖褊小 吾何愛一牛 卽不忍其觳觫若無罪而就死地 故以羊易之也 曰王無異於百姓之以王爲愛也 以小易大 彼惡知之 王若隱其無罪而就死地則 牛羊何擇焉 王笑曰 是誠何心哉 我非愛其財而易之以羊也 宜乎百姓之謂我愛也. 曰無傷也 是乃仁術也 見牛未見羊也 君子之於禽獸也 見其生不忍見其死 聞其聲不忍食其肉 是以君子遠庖廚也."

190) 『논어』 3:17. "子貢 欲去告朔之餼羊 子曰 賜也 爾愛其羊 我愛其禮."

191) 『맹자』 1상:3. "梁惠王曰 寡人之於國也 盡心焉耳矣 何內凶 則移其民於河東 移其粟於河內 河 凶 亦然 察隣國之政 無如寡人之用心者 隣國之民 不加少 寡人之民 不加多何也 孟子對曰 王好戰 請以戰喩 塡然鼓之 兵刃旣接 棄甲曳兵而走 或百步而後止 或五十步而後止 以五十步笑百步則何如 曰不可 直不百步耳 是亦走也 曰王如知此則 無望民之多於隣國也."

192) 『논어』 8:5. "曾子曰 以能問於不能 以多問於寡 有若無 實若虛 犯而不校 昔者吾友 嘗從事於斯矣."

193) 『맹자』 14상:11. "孟子曰 好名之人 能讓千乘之國 苟非其人 簞食豆羹見於色."

194) 『논어』 14:36. "或曰以德報怨何如 子曰 何以報德 以直報怨 以德報德."

195) 『맹자』 6하:10. "曰仲子 齊之世家也 兄戴 蓋祿萬鐘 以兄之祿 爲不義之祿而不食也 以兄之室 爲不義之室而不居也 辟兄離母 處於於陵 他日 歸則有饋其 兄生鵝者 己頻顣曰 惡用是鶃鶃者爲哉 他日其母殺是鵝也 與之食之 其兄 自外至曰 是鶃鶃之肉也 出而哇之 母則不食 以妻則食之 以兄之室則弗居 以於陵則居之 是尙爲能充其類也乎 若仲子者 蚓而後 充其操者也."

196) 『논어』 5:23. "子曰 孰謂微生高直 或乞醯焉 乞諸其隣而與之."

197)『맹자』 2하:5. "王曰 善哉言乎 曰王如善之則何爲不行 王曰 寡人有疾 寡人好貨 對曰 昔者公劉好貨 詩云 乃積乃倉 乃裏餱糧 于橐于囊 思戢用光 弓矢斯張 干戈戚揚 爰方啓行 故居者有積倉 行者有裏糧也然後 可以爰方啓行 王如好貨 與百姓同之 於王何有. 王自以爲好貨 故 取民無制 而不能行此王政 公劉后稷之曾孫 詩 大雅公劉之篇 積露積也 餱乾糧也 無低曰 橐 有低曰囊 皆所以盛餱糧也 戢安集也 言思安集其民人 以光大其國家也 戚斧也 揚鉞也 爰於也 啓行 言王遷于豳也 何有 言不難也 孟子言 公劉之民 不足如此 是公劉好貨而能推己之心 以及民也 今王好貨 亦能如此 則其於王天下也 何難之有 王曰 寡人有疾 寡人好色 對曰 昔者大王好色 愛厥妃 詩云 古公亶父 來朝走馬 率西水滸 至于岐下 爰及姜女 聿來胥宇 當是時也 內無怨女 外無曠夫 王如好色 與百姓同之 於王何有."

198)『논어』 6:20. "樊遲問知 子曰 務民之義 敬鬼神而遠之 可謂知矣 問仁 曰仁者 先難而後獲 可謂仁矣."

199)『논어』 2:21. "樊遲從遊於舞雩之下 曰敢問崇德修慝辨惑 子曰 善哉問 先事後得 非崇德與 攻其惡 無攻人之惡 非修慝與 一朝之忿 忘其身 以及其親 非惑與."

200)『한서』 「동중서전」.

201)『맹자』 3상:2. "敢問何爲浩然之氣 曰難言也 其爲氣也 至大至剛 以直養而無害 則塞於天地之間 其爲氣也 配義與道 無是 餒也 是集義所生者 非義襲而取之也 行有不慊於心則餒矣 我故 曰告子未嘗知義 以其外之也 必有事焉而勿正 心勿忘 勿助長也 無若宋人然 宋人 有閔其苗 之不長而揠之者 芒芒然歸 謂其人 曰今日 病矣 予助苗長矣 其子 趨而往視之 苗則槁矣 天下之不助苗長者寡矣 以爲無益而舍之者 不耘苗者也 助之長者 揠苗者也 非徒無益 而又害之."

202)『당서唐書』 권3.

203)『논어』 14:25. "古之學爲己 今之學爲人."

204) 칸트,『도덕형이상학의 정초』, B1=IV393.

205) 칸트, 위의 책, B8=IV397.

206) 칸트, 위의 책, B14=IV400.

207) 칸트, 위의 책, B13=IV398.

208) 칸트, 위의 책, B8=IV397.

209) 칸트, 위의 책, B37=IV413.

❖
소유의 욕망, 이란 무엇인가

210) 칸트, 위의 책, B52=IV421.

211) 『주자어류』 15:124. "知與意 皆從心出來 知則主於別識 意則主於營爲."

212) 칸트, 위의 책, B187=IV391.

소유의 욕망, 이란 무엇인가
ⓒ 한국국학진흥원 2013

초판인쇄 2013년 5월 24일
초판발행 2013년 5월 31일

지은이 임헌규
펴낸이 강성민
기획 한국국학진흥원
편집 이은혜 김신식 박민수
인턴 양예주 이두루
마케팅 최현수
온라인 마케팅 김희숙 김상만 이원주

펴낸곳 (주)글항아리 | 출판등록 2009년 1월 19일 제406-2009-000002호

주소 413-120 경기도 파주시 회동길 210
전자우편 bookpot@hanmail.net
전화번호 031-955-8897(편집부) 031-955-8891(마케팅)
팩스 031-955-2557

ISBN 978-89-6735-058-1 03100

글항아리는 (주)문학동네의 계열사입니다.

이 도서의 국립중앙도서관 출판시도서목록(CIP)은 e-CIP 홈페이지(http://www.nl.go.kr/ecip)에서
이용하실 수 있습니다.(CIP제어번호:2013009685)